SOCIÉTÉ DES INGÉNIEURS CIVILS DE FRANCE
FONDÉE LE 4 MARS 1848
Reconnue d'utilité publique par décret du 22 décembre 1860
19, rue Blanche, PARIS

LE CONDUCTEUR DE RETOUR DU COURANT DE TRACTION

SUR LE RÉSEAU A COURANT ALTERNATIF MONOPHASÉ DE LA COMPAGNIE DES CHEMINS DE FER DU MIDI

PAR

M. J. LHÉRIAUD
INGÉNIEUR DE LA TRACTION
COMPAGNIE DES CHEMINS DE FER DU MIDI

EXTRAIT DES MÉMOIRES DE LA SOCIÉTÉ DES INGÉNIEURS CIVILS DE FRANCE
(Bulletin d'octobre-décembre 1917.)

PARIS
19, rue Blanche, 19

1917

SOCIÉTÉ DES INGÉNIEURS CIVILS DE FRANCE
FONDÉE LE 4 MARS 1848
Reconnue d'utilité publique par décret du 22 décembre 1860
19, rue Blanche, PARIS

LE CONDUCTEUR DE RETOUR DU COURANT DE TRACTION

SUR LE RÉSEAU A COURANT ALTERNATIF MONOPHASÉ DE LA COMPAGNIE DES CHEMINS DE FER DU MIDI

PAR

M. J. LHÉRIAUD

INGÉNIEUR DE LA TRACTION
A LA
COMPAGNIE DES CHEMINS DE FER DU MIDI

EXTRAIT DES MÉMOIRES DE LA SOCIÉTÉ DES INGÉNIEURS CIVILS DE FRANCE
(Bulletin d'octobre-décembre 1917)

PARIS
19, rue Blanche, 19

191[illegible]

LE CONDUCTEUR DE RETOUR
DU COURANT DE TRACTION
SUR LE RÉSEAU A COURANT ALTERNATIF MONOPHASÉ
DE
LA COMPAGNIE DES CHEMINS DE FER DU MIDI [1]

PAR

M. J. LHÉRIAUD

GÉNÉRALITÉS

Les nouvelles lignes concédées à la Compagnie du Midi, dans la région des Pyrénées, comportent des déclivités supérieures à 33 mm par mètre et des courbes dont le rayon est inférieur à 300 m. L'utilisation de l'énergie électrique était donc tout indiquée pour leur exploitation, tant par le voisinage d'importantes chutes d'eau que par les avantages qu'offre la traction électrique en profil accidenté.

L'État s'engageait, d'ailleurs, à prendre à son compte les dépenses relatives à l'aménagement des chutes, ainsi qu'au transport et à la distribution de l'énergie électrique, laissant à la Compagnie du Midi le soin de fournir les groupes électrogènes et le matériel roulant automoteur.

L'augmentation du prix des combustibles et l'avantage que pouvait présenter au point de vue économique l'utilisation de ce matériel sur des lignes déjà exploitées, ont conduit la Compagnie des Chemins de fer du Midi, à électrifier quelques-unes de celles qui avoisinent les tronçons nouvellement concédés (*fig. 1*).

Après avoir adopté le courant alternatif monophasé à la fréquence de 16 périodes 2/3 pour l'alimentation des locomoteurs électriques, la Compagnie du Midi mit cette forme de courant à

(1) Voir Procès-verbal de la séance du 30 novembre 1917, p. 738.

l'essai sur le tronçon d'Ille-sur-Têt à Villefranche-Vernet-les-Bains, qui fut équipé électriquement dès 1911.

Les essais devaient porter à la fois sur différents types de ligne aérienne de prise de courant et sur différents types de locomotive électrique. Ils devaient permettre, en outre, d'étudier les divers problèmes que pouvait soulever l'électrification projetée.

Ces essais confirmèrent la Compagnie du Midi dans son choix du courant alternatif monophasé à 16 périodes 2/3 que les archets des électromoteurs devaient capter à la tension de 12000 V sur un fil de contact en cuivre, suspendu à un câble porteur en acier par des pendules convenablement répartis (caténaire simple).

L'électrification fut alors étendue au tronçon de Perpignan à Ille-sur-Têt, en même temps qu'à différents tronçons des Pyrénées Centrales (1).

CHAPITRE I

Avantages et inconvénients du retour du courant par les rails.

En adoptant la caténaire simple comme ligne aérienne de prise de courant, la Compagnie du Midi décidait également d'utiliser les rails de la voie comme chemin de retour du courant de traction à l'usine ou à la sous-station d'alimentation.

Cette utilisation simplifie l'équipement des voies électrifiées mais jette la perturbation dans les transmissions télégraphiques et téléphoniques qui se font par les lignes établies sur ces voies ou dans leur voisinage immédiat.

Complexité du conducteur de retour. — Sur les divers réseaux qui utilisent les courants alternatifs, on a constaté, en effet, que le courant dit de retour, après s'être écoulé dans les rails de la voie par les roues d'un électromoteur en service, ne suit qu'en partie ces rails pour revenir à l'usine ou à la sous-station qui alimente la section. L'autre partie du courant les abandonne,

(1) Voir la communication de M. JULLIAN, Ingénieur en chef Adjoint du Matériel et de la Traction aux Chemins de fer du Midi, à la Société Internationale des Électriciens (*Bulletin* de la Société Internationale des Électriciens, 3e série, t. III, avril 1913).

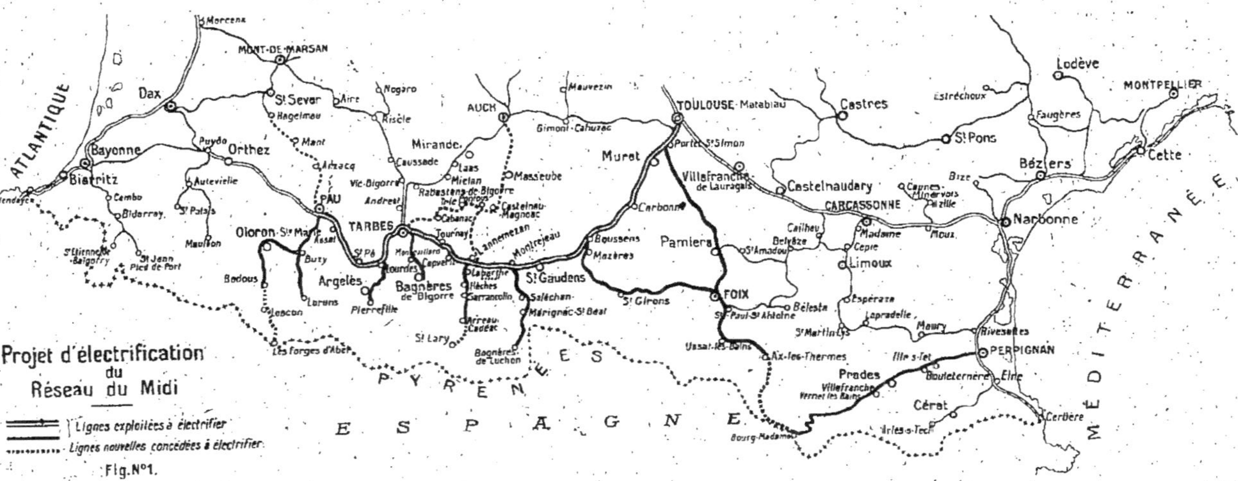

Projet d'électrification
du
Réseau du Midi

Lignes exploitées à électrifier

Lignes nouvelles concédées à électrifier

Fig. N°1.

chemine dans le sol et revient au poste d'alimentation après avoir pénétré de nouveau dans les rails, au voisinage de l'usine, soit en partie, soit en totalité. Ce dernier cas s'observe lorsque les rails sont reliés à l'usine par une canalisation bien isolée.

Le conducteur utilisé par le courant de retour est, par conséquent, complexe, car il comprend :

a) Les files de rails de la voie ;

b) Les éléments plus ou moins conducteurs de la masse terrestre, comprise entre l'électromoteur et l'usine d'alimentation.

Ce conducteur complexe équivaut, au point de vue des perturbations sur les lignes à courant faible, à un conducteur fictif unique, placé au-dessous de la voie de roulement, à une profondeur que divers expérimentateurs ont cherché à évaluer. Nous nous bornerons à rappeler que les essais effectués par M. Girousse, en 1913, de concert avec la Compagnie du Midi, ont permis de situer le conducteur fictif à une profondeur d'environ 1 900 m.

Influence de l'éloignement du conducteur d'aller de celui de retour. — L'importance des perturbations apportées par les courants alternatifs monophasés de traction dans les lignes à courants faibles, dépend en grande partie de l'éloignement du conducteur d'aller (caténaire) de celui de retour, fictif, dans l'espèce.

La tension électromagnétique induite dans un fil télégraphique, par exemple, peut, en effet, s'exprimer par la relation :

$$e = 4{,}6 \times 10^{-4} \left[\mathrm{K} \log \frac{r_2}{r_1} + (1 - \mathrm{K}) \log \frac{(r_2 + d)}{r_1} \right] \mathrm{L}\omega\mathrm{I}, \quad [1]$$

dans laquelle :

K désigne la fraction du courant de retour revenant par les rails ;

r_1, la distance du fil télégraphique à la ligne de contact ;

r_2, la distance moyenne de ce même fil aux rails de roulement ;

d, la distance aux rails du conducteur fictif parcouru par la fraction (1 — K) du courant de retour ;

L, la distance en kilomètres sur laquelle règne le parallélisme de la ligne de contact et du fil télégraphique ;

ω, le produit de 2π par la fréquence ;

I, l'intensité du courant débité dans la ligne de contact.

Cette formule donne la valeur de K, lorsque toutes les autres valeurs sont connues. C'est ainsi que les expériences effectuées en 1913, par la Compagnie du Midi sur la ligne de Lourdes à Pierrefitte ayant permis de fixer la valeur de d à 1 900 m, on a pu en déduire que K avait une valeur extrêmement faible, c'est-à-dire que le courant de retour passait presque tout entier hors des rails de roulement.

Si on pouvait avoir $K = 1$, c'est-à-dire si le courant de retour pouvait être maintenu entièrement dans les rails, la valeur de e serait donnée par la formule simplifiée :

$$e = 4{,}6 \times 10^{-4} \times \log \frac{r_2}{r_1} \times L.\omega.I, \qquad [2]$$

qui, toutes choses égales, d'ailleurs, donnerait pour e une valeur nécessairement plus faible que la formule [1].

La formule [2] s'appliquerait également dans le cas où le courant de retour circulerait dans un feeder isolé du sol, à une distance r_2 du fil télégraphique témoin, et elle donnerait alors pour e une valeur d'autant plus faible que r_1 et r_2 seraient plus voisins.

Un tel feeder eût existé dans les deux installations suivantes non adoptées par la Compagnie du Midi.

1° *Emploi d'un double contact aérien.* — L'établissement d'un fil de contact pour le retour du courant dans le voisinage immédiat du fil de contact alimentant les électromoteurs, aurait compliqué les équipements aériens et la construction des archets autant que l'emploi du courant triphasé. Or, l'emploi du courant triphasé avait été précisément écarté pour ce motif.

2° *Emploi d'un troisième rail comme conducteur de retour.* — L'emploi de frotteurs isolés destinés à assurer le retour du courant par un *troisième rail* isolé, sur lequel ils glisseraient, n'a pas paru susceptible de retenir davantage l'attention, en raison du prix de revient de l'installation d'un troisième rail, et des inconvénients divers que présenterait cette solution.

Quoique les courants alternatifs appelés à circuler dans ce rail aient une intensité bien moindre que les courants continus qui auraient été nécessaires pour assurer le même service, les efforts mécaniques exercés aux grandes vitesses auraient exigé une installation robuste et partant d'un prix élevé.

D'autre part, la résistance qu'oppose le troisième rail au passage du courant alternatif, est bien plus élevée que celle qu'il oppose au courant continu lors même que le profil de ce rail a été convenablement étudié.

Alors que le rapport $\frac{R'}{R}$ de la résistance au courant alternatif à la résistance au courant continu varie ordinairement entre 2 et 9, selon l'intensité et la périodicité du courant alternatif; lorsqu'il s'agit de rails de roulement en acier dur, ce rapport peut s'élever à 22 pour 60 périodes par seconde; et à 13,5 pour 25 périodes, lorsque l'intensité est comprise entre 200 et 300 ampères et que les rails de contact présentent à la fois une grande conductibilité et une grande perméabilité.

Des mesures effectuées sur le rail de contact de la ligne de Cerdagne ont donné $\frac{R'}{R} = 10$, pour une fréquence de 16 périodes 2/3 et une intensité de 80 ampères.

En choisissant convenablement la matière et la forme du troisième rail, on pourrait obtenir un rapport $\frac{R'}{R}$ bien plus faible, mais il serait encore trop fort pour qu'une telle installation soit admissible (1).

Pour éviter de trop grandes pertes d'énergie et de trop fortes chutes de voltage occasionnant des différences de tension dangereuses pour le personnel chargé de l'entretien des voies, l'emploi d'un troisième rail exigerait une sérieuse augmentation du nombre des sous-stations d'alimentation.

Il y a lieu de noter, en effet, que les tensions alternatives de 150 V sont déjà considérées comme dangereuses et font classer dans la deuxième catégorie les conducteurs qui y sont soumis.

Cependant, en doublant le troisième rail par un feeder bon conducteur relié à lui tous les 2 ou 3 m, par exemple, on améliore notablement la conductibilité du circuit de retour.

Maintien du courant de retour dans les rails de roulement. — Les deux solutions précédentes étant éliminées, la question se posait de maintenir le courant de retour dans les rails de roulement, sauf à examiner ensuite les moyens à employer pour éviter les inconvenients qui pouvaient en résulter par ailleurs.

L'examen de la possibilité du passage du courant total de

(1) Voir dans la *Revue Générale de l'Électricité*, du 14 juillet 1917 (nº 2), le compte rendu des Expériences, dirigées par le professeur A. F. Kennelly.

retour dans les rails suppose préalablement étudiée la circulation des courants alternatifs dans des rails bien isolés de la terre, puis dans les rails de la voie elle-même.

Les nombreuses recherches effectuées à ce sujet, ont conduit aux observations suivantes :

Pour une fréquence donnée, la résistance apparente des rails en courant alternatif dépend essentiellement de la matière et du profil adoptés pour ces rails.

La matière du rail intervient par ses qualités magnétiques et sa conductivité. Le profil intervient par le rapport $\frac{P}{S}$ du périmètre à la surface de la section.

Pour les rails de roulement, le choix du profil et des qualités de l'acier à employer dépend surtout de considérations relatives au travail mécanique auquel ils sont soumis. Dans ces conditions, une diminution suffisante de leur résistance au passage du courant alternatif est difficile à obtenir. Aussi est-ce seulement par un éclissage électrique soigné des joints des rails que l'on peut diminuer la résistance des voies de roulement utilisées comme conducteur de retour du courant de traction.

Ce sont quelques-uns des essais effectués à la Compagnie du Midi, en vue de vérifier si un bon éclissage électrique était durable et réellement utile, que nous décrivons au cours de la présente note.

CHAPITRE II

Mesure de la résistance électrique des rails et des joints de la voie.

Dès 1909, lors de l'étude des projets d'électrification par courant alternatif simple, la Compagnie du Midi fit procéder à des mesures de la résistance électrique des rails et des joints de la voie, d'abord au laboratoire, puis sur des voies en service. C'est sous la direction de M. Eydoux, Ingénieur de la Voie à la Compagnie du Midi, à Toulouse et de M. Camichel, Directeur de l'Institut Électrotechnique de Toulouse, que ces mesures furent effectuées.

Bien que ces expériences n'aient porté que sur des intensités de courant relativement faibles, les résultats acquis présentent le plus grand intérêt au point de vue de notre étude.

I. — Mesures au laboratoire.

On a déterminé au laboratoire les constantes électriques du rail normal ainsi que des joints normaux faits avec toutes les précautions utiles.

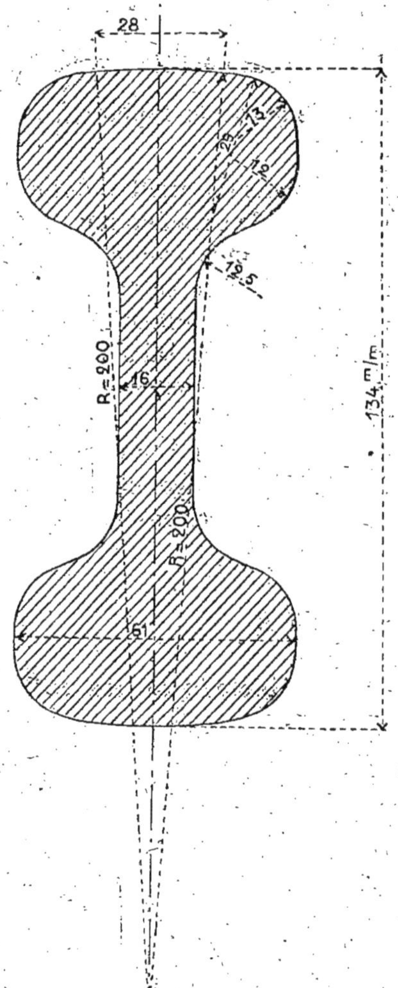

Rail Midi. — La résistance en courant continu de 1 m de rail Midi, acier Adour, neuf, a été trouvée égale à 0,0 000 395 ohms, soit à $3,95 \times 10^{-5}$ ohms à 10° C.

Ce rail à double champignon, présente une section de 48 cm², 87 et son poids par mètre courant est de 37 kg, 520. Son profil est donné ci-contre *(fig. 2)*.

On peut admettre pratiquement que cette résistance est de 4×10^{-5} ohms par mètre courant de rail. Elle correspond à une résistivité de 19,3 microhms, qui est environ 12 fois plus élevée que la résistivité du cuivre électrolytique.

D'après les expériences rappelées ici, la résistance du rail en courant alternatif augmente très rapidement avec son intensité *(fig. 3)*.

Fig. N° 2. *Profil de rail Midi.*

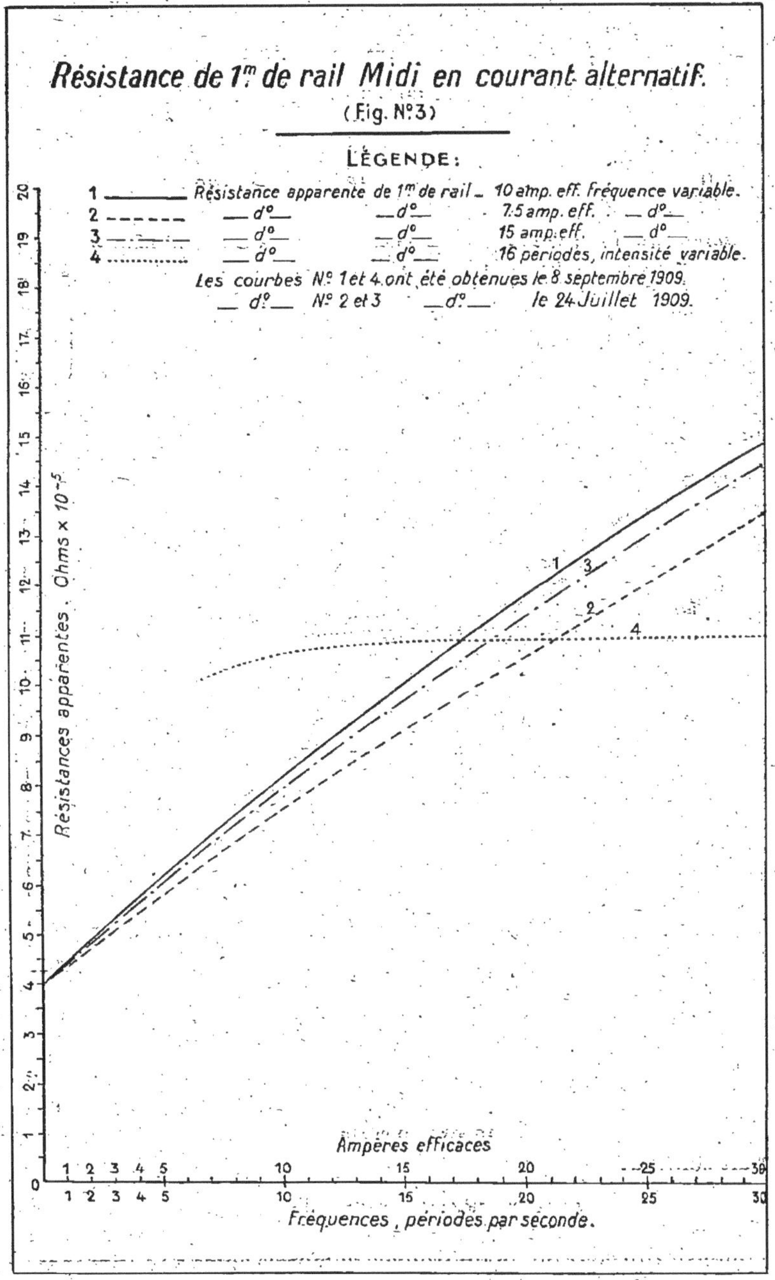
Résistance de 1m de rail Midi en courant alternatif.
(Fig. N° 3)
LÉGENDE :
1 ——— Résistance apparente de 1m de rail — 10 amp. eff. fréquence variable.
2 - - - - — d° — — d° — 7.5 amp. eff. — d° —
3 —·—·— — d° — — d° — 15 amp. eff. — d° —
4 ········ — d° — — d° — 16 périodes, intensité variable.
Les courbes N° 1 et 4 ont été obtenues le 8 septembre 1909.
— d° — N° 2 et 3 — d° — le 24 Juillet 1909.
Résistances apparentes . Ohms × 10⁻⁵
Ampères efficaces
Fréquences, périodes par seconde.

Le rapport $\frac{R'}{R}$ a été trouvé égal à :

2,5 pour du courant alternatif	10 ampères,	15 périodes	
3,5 —	10 —	25 —	
4 —	10 —	35 —	
4,9 —	10 —	50 —	

Joints. — La résistance des joints de voie a été trouvée très variable suivant l'état des surfaces en contact des rails et des éclisses.

Deux bouts de rails neufs non rouillés, mais avec l'oxydation du laminage, réunis par des éclisses-ponts dont les surfaces avaient été dérouillées à la lime, ont donné comme résistance propre du joint 24×10^{-5} ohms. Le même joint avec les surfaces

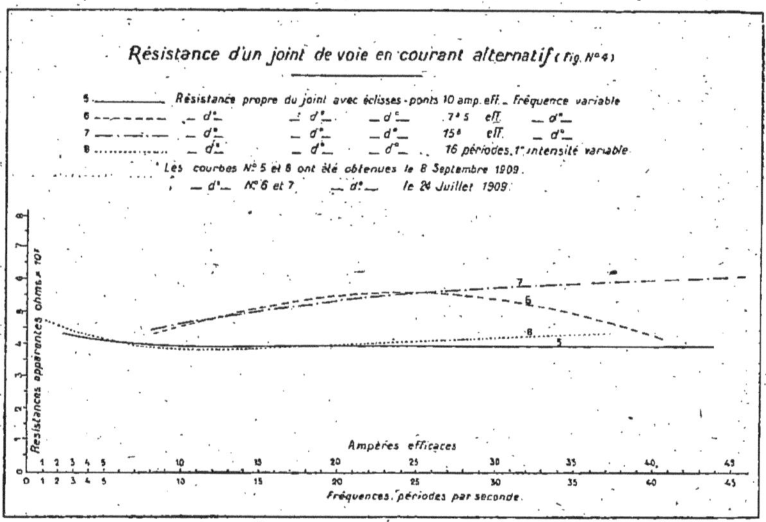

de serrage des rails débarrassées de l'oxydation du laminage a donné une résistance propre du joint de $0,6 \times 10^{-5}$ ohms.

La valeur de la résistance du joint rapportée à celle de 1 m de rail a donc été égale dans le premier cas à celle de 6 m de rail, et dans le deuxième cas, à celle de 0 m, 15 de rail, en courant continu.

La résistance propre apparente des joints en courant alternatif ne paraissait pas varier sensiblement avec la fréquence et l'intensité du courant, et fut trouvée comprise entre 4×10^{-5} ohms et 6×10^{-5} ohms *(fig. 4)*.

Un deuxième joint ayant servi aux mesures en courant alternatif était formé d'un rail neuf attaqué par la rouille et dérouillé à la lime, et d'un bout de rail neuf non rouillé, réunis par des éclisses-ponts. Sa résistance en courant continu était de $5,6 \times 10^{-5}$ ohms, soit celle de 1 m, 40 de rail.

II. — Mesures sur les voies exploitées.

Ces mesures ont d'abord été effectuées sur une partie de voie située aux abords de la Halte de Toulouse-Saint-Agne, et elles ont été ensuite contrôlées et complétées par des mesures exécutées sur d'autres points du réseau.

Les expériences ont été faites en courant continu avec des ohmmètres transportables dérivant, soit du pont de Wheastone, soit du pont double de Lord Kelvin. L'emploi du courant continu était sans inconvénient puisqu'il a été prouvé que la *résistance des joints était la même en courant continu et en courant alternatif*, ou que, tout au moins la différence de résistance pour l'un ou l'autre de ces courants n'était pas appréciable.

a) Mesures faites à Toulouse-Saint-Agne. — Elles ont eu lieu sur une partie de voie spécialement aménagée entre les P. K. 3.900 et 4.000 de la ligne de Toulouse à Bayonne.

Les essais faits ont porté :

1° *Sur 18 joints de rails de 11 m avec éclisses-ponts* posées en 1902.

Des mesures faites à divers moments ont donné comme résistance moyenne par joint, 0,82, 0,16 et 0,12 ohm, avec de fortes variations d'un joint à l'autre.

Ces valeurs sont de 10^4 à 10^5 fois plus fortes que les valeurs minimum trouvées au laboratoire et sont équivalentes à la résistance de 20 km, 4 km et 3 km de rail en courant continu.

2° *Sur 34 joints de rails de 11 m avec éclisses-ponts installées pour les essais, les surfaces en contact des rails et des éclisses ayant été préalablement frottées avec du grès.*

Les valeurs moyennes de la résistance des joints prises à divers moments ont varié de 15×10^{-5} à 143×10^{-5} ohms, soit une variation de 3 m, 75 à 36 m de rail en courant continu et de 25 à 240 fois la valeur minimum de la résistance trouvée au laboratoire.

3° *Sur 30 joints de rails de 11 m avec éclisses ordinaires, les surfaces en contact des rails et des éclisses étant frottées avec du grès.*

Diverses mesures ont donné pour la valeur moyenne de la résistance du joint, de 41×10^{-5} à 303×10^{-5} ohms, soit de 10 à 75 m de rail en courant continu.

Les deux dernières mesures effectuées ont montré une variation de la résistance dans le rapport de 1 à 3 environ due à l'action calorifique du soleil sur les rails lors de la deuxième mesure.

Il a été constaté, en outre, une diminution de la résistance d'un joint dans le rapport de 3 à 1, du fait du passage d'un train.

b) Mesures faites sur la ligne de Bordeaux à Cette. — Une première série d'expériences a été faite à Port-Sainte-Marie, entre les P. K. 114 et 115 de la ligne de Bordeaux à Cette, et une deuxième série à Montauban, entre les P. K. 207 et 208 de la même ligne. La voie était armée de rails de 22 m avec éclisses-ponts nouveau type à six boulons de 25 mm.

Ces mesures faites sur des joints posés sans soins spéciaux, ont donné des valeurs moyennes de la résistance des joints allant de 0,0108 à 0,61 ohm avec de fortes variations pour le même joint, suivant l'action du soleil sur les rails.

Ces valeurs, exprimées en mètres de rails, en courant continu, allaient de 520 à 15 000 m de rails, soit de 3 500 à 100 000 fois la valeur minimum trouvée au laboratoire.

c) Mesures de résistance des aiguilles et croisements. — 1° Pour une première aiguille, la résistance du joint de talon du rail contre-aiguille mesurée après une manœuvre de l'aiguille a été trouvée égale à 85 ohms, alors que cette même résistance était de 72 ohms immédiatement avant la manœuvre.

Pour une deuxième aiguille de même structure, la résistance du même joint est restée égale à 0,048 ohm après comme avant la manœuvre de cette aiguille.

D'une aiguille à une autre, on a donc constaté une variation de résistance dans le rapport de 1 à 1 750 due évidemment à des différences dans les applications des surfaces en contact.

2° Pour la première aiguille ci-dessus, la résistance du joint de talon reliant la lame de l'aiguille au premier rail de la direction déviée, trouvée d'abord égale à 1 150 ohms, est descendue à 51 ohms immédiatement après une manœuvre de l'aiguille, la lame n'étant pas appliquée contre le rail contre-aiguille, dans les deux cas. Le même joint a varié de 5 à 2 ohms après une manœuvre de l'appareil, la lame étant au contact du rail contre-aiguille lors des deux mesures.

Pour la seconde aiguille, il a été trouvé, lame non appliquée, 0,065 ohm, et lame appliquée, 0,053 ohm.

Pour la résistance d'un croisement avec cœur en rails assemblés, il a été trouvé :

Dans une première mesure 0,075 ohm et dans une deuxième mesure 0,150 ohm, parce que, le soleil s'étant caché, le joint est plus ouvert.

III. — Discussion.

Ces expériences ont démontré que :

1° Au même instant, deux joints de construction identique pouvaient présenter des résistances très différentes ;

2° Un même joint pouvait présenter à un certain moment, une résistance bien différente de celle qu'il accusait quelques instants auparavant.

La résistance d'un joint varie, en effet, dans d'énormes proportions suivant la température, la position du joint et le passage des trains.

Par suite, pour obtenir une résistance relativement constante et susceptible d'être approximativement connue, sans qu'il soit utile d'effectuer des mesures à tout instant, il est nécessaire de rechercher un éclissage particulièrement soigné au point de vue électrique.

L'entretien des joints mécaniques ne peut donner aucune certitude à ce point de vue, quel que soit le type d'éclisses adopté.

Malgré leur serrage énergique et l'excellent appui qu'elles donnent au rail, les éclisses-ponts présentent d'énormes variations dans la résistance électrique du joint.

Pour conserver aux joints par éclisses-ponts une résistance relativement constante, il faudrait les reviser fréquemment ; or, la réfection des joints par éclisses-ponts obligerait à des resabotages qui ne peuvent qu'être fâcheux au point de vue de la conservation des traverses et de la résistance des attaches de la voie.

Dans ces conditions, l'éclissage mécanique doit être accompagné d'un éclissage électrique des joints de la voie.

Cet éclissage électrique des joints est, d'ailleurs, à compléter par la pose, de distance en distance, de liaisons transversales reliant les files de rails les unes aux autres, pour se prémunir contre les joints défectueux sur une file, et pour permettre le remplacement des rails qui doit, d'ailleurs, s'effectuer tantôt sur une file, tantôt sur l'autre, pour éviter toute discontinuité du conducteur de retour formé par les rails de roulement.

IV. — Éclissage électrique par des connexions en cuivre.

Après les essais rapportés ci-dessus, la Compagnie du Midi a envisagé l'éclissage électrique d'un joint à l'aide d'une connexion formée d'une lame de cuivre de 35 mm² de section.

Cette lame était ondulée afin de présenter plus d'élasticité aux chocs verticaux et aux écarts des rails par dilatation. Elle se fixait sur le côté intérieur de chacun des rails en regard, près de son extrémité, par une bague conique.

Le diamètre intérieur des bagues était de 26 mm ; il permettait le serrage de l'éclisse-pont par un boulon de 20 mm à l'extrémité correspondante de la lame. Des boulons de 25 mm aux deux autres trous de chaque rail, complétaient et assuraient la solidité mécanique du joint.

Deux échantillons de cet éclissage électrique furent montés à l'aval de la gare de Pezens, sur deux joints placés face à face sur chaque file de rails de la voie des trains pairs de la ligne de Bordeaux à Cette. Cette voie avait été choisie, d'une part parce qu'elle était très fatiguée par suite du nombre et du tonnage important des trains qui la suivent, et d'autre part, parce qu'elle était armée avec des rails de 22 m, réunis par des éclisses-ponts du nouveau type choisi pour l'armement des lignes dont l'électrification était projetée.

Le temps nécessaire pour enlever les éclisses-ponts déjà en place, nettoyer les trous de fixation, poser l'éclissage électrique et replacer les éclisses-ponts, a été de 9 minutes par joint.

La résistance électrique du joint immédiatement après pose a été trouvée égale à 8×10^{-5} ohms, soit l'équivalent de 0 m, 75 de rail en courant alternatif 15 périodes.

Une semaine plus tard, les joints ont été mesurés de nouveau et la résistance a été trouvée la même, soit : 8×10^{-5} ohms.

Les éclisses-ponts des deux joints ont alors été enlevées, et l'éclissage électrique encore installé, la résistance de nouveau mesurée de chaque joint a été trouvée égale encore à 8×10^{-5} ohms.

L'éclissage électrique de l'un des joints ayant été enlevé et le joint remonté avec les éclisses-ponts seulement, la résistance du joint a été trouvée égale à 460×10^{-5} ohms, soit 57 fois plus grande qu'avec la connexion en cuivre en place.

Le temps employé pour enlever l'éclissage électrique, y compris le démontage et remontage des éclisses-ponts, a été de 7 minutes seulement.

Le deuxième joint a été remonté avec son éclissage électrique. Mais trois mois après sa pose, lors d'une visite, la connexion en cuivre fut trouvée rompue.

A la suite des résultats obtenus à Pezens, après la première semaine d'essais, la Compagnie du Midi avait commencé la pose de connexions en cuivre du type ci-dessus entre Capvern et Lourdes. Sur cette section, on constata quatre à cinq mois après que la plupart des connexions étaient rompues et devaient être remplacées. Les cassures furent attribuées à l'élasticité insuffisante de l'unique lame gaufrée constituant ce type de connexion. On résolut d'installer sur la section Lourdes-Pierrefitte un type de connexion en cuivre, composé de trois lamelles de cuivre gaufrées et soudées ensemble à leurs extrémités et coincées dans les rails par des bagues coniques. Dès le début de la pose, on reconnut que les ondulations centrales de ces connexions étaient cisaillées entre les abouts des rails des joints, et on adopta finalement pour cette section Lourdes-Pierrefitte, une connexion en cuivre à trois lamelles ondulées, mais présentant une partie plane vers le milieu de leur longueur, pour éviter le cisaillement signalé ci-dessus.

Moins de deux ans après la pose de ces connexions, au cours d'une revision méthodique, il a été constaté que 549 sur 1 352 de ces connexions étaient à remplacer par suite de la cassure des lamelles.

Alors que les frais d'achat et d'installation de telles connexions sur une longueur de 7 km environ s'étaient élevés à environ 2 500 fr, la vérification et la remise en état de l'éclissage électrique ont exigé au bout d'une seule année une dépense légèrement supérieure à 1 500 fr.

L'éclissage électrique par des connexions en cuivre placées

sous les éclisses mécaniques entraîne donc, en plus du prix d'achat et de pose au début, un entretien coûteux, résultant, d'abord du remplacement des connexions rompues ; puis, et surtout des sujétions qu'entraîne ce remplacement, à savoir, la dépose et la répose des éclisses mécaniques. Cette dépose est tout particulièrement onéreuse dans le cas des éclisses-ponts car elle entraîne le resabotage des traverses.

V. — Éclissage électrique sans connexions.

Il existe des éclissages électriques des joints pour lesquels la dépense d'entretien est bien moins faible.

L'emploi de connexions en cuivre, longues, extérieures aux éclisses mécaniques, est extrêmement simple et relativement peu coûteux, mais la facilité avec laquelle ces connexions peuvent être soustraites exclut leur emploi, sur certaines parties de voie tout au moins.

Sans étudier tous les systèmes d'éclissage électrique en usage, nous croyons devoir signaler celui que la Compagnie du Midi a elle-même adopté dès 1907, sur la ligne électrique à courant continu 850 V de Villefranche-Vernet-les-Bains à Bourg-Madame (ligne de Cerdagne).

Cet éclissage utilise les éclisses mécaniques elles-mêmes et élimine l'emploi d'éclisses électriques et de connexions. Il comporte le décapage, soit au moyen d'un jet de sable, soit au moyen d'un grattage soigneux des surfaces d'applications des éclisses mécaniques et des rails qu'elles doivent relier. Ces surfaces bien nettoyées et suffisamment lisses sont enduites d'une couche d'une pâte métallique qui a pour but d'empêcher complètement leur oxydation.

Immédiatement après l'exécution de cet éclissage, une longueur de 1 m sur une file de rails, que cette longueur comprenne un joint ainsi éclissé ou 1 m de rail courant, présente, en général, la même résistance, ce qui revient à dire que cet éclissage n'ajoute rien à la résistance donnée pour une voie par les rails eux-mêmes.

Au cours de l'année 1916, la Compagnie du Midi fit procéder avec l'appareil de M. Lebaupin (1) à la vérification d'un grand

(1) Voir le n° 32 (février 1914) du *Bulletin* de la Société Internationale des Électriciens.

nombre des joints à la pâte Brown-Boveri, confectionnés de 1908 à 1910.

Cette vérification a montré que 28 0/0 des joints des rails de roulement et 37 0/0 des joints du troisième rail présentaient une résistance égale à celle mesurée six à huit ans auparavant. Les joints qui avaient été refaits depuis la mise en service de la ligne, lors du remplacement de rails usés ou avariés, par exemple, étaient extrêmement rares parmi ceux qui ont été soumis à la vérification ci-dessus.

Il a même été relevé que sur de grandes longueurs de voie, 97 0/0 des joints avaient encore une résistance inférieure à celle de 3 m de rail courant. Ceci revient à dire que sur ces longueurs de voie, la présence d'un joint éclissé électriquement à la pâte, en état moyen d'entretien, n'introduisait pas de résistance supplémentaire supérieure à celle de 2 m de rail courant. En d'autres termes, les rails étant de 12 m de longueur chacun, la présence des joints n'augmentait la résistance des files de rails que de 17 0/0 au plus.

Nous pouvons admettre, d'après les résultats de la vérification rapportée ci-dessus, que, par un entretien et une visite rendns relativement faciles, grâce à l'emploi de l'appareil de M. Lebaupin, la résistance d'une file de rails est celle des rails eux-mêmes augmentée de 30 0/0 au plus.

VI. — Résistance d'une voie de roulement.

D'après ce qui a été dit ci-dessus, la résistance apparente de 1 km de voie unique Midi, comportant deux files de rails reliés par des éclisses-ponts et des connexions en cuivre toutes supposées en bon état, peut être évaluée en ohms à :

$$\frac{1}{2} \times [1\,000 \times 2{,}5 \times 4 \times 10^{-5} + 99 \times 8 \times 10^{-5}],$$

soit : 0,05396 ohm,
pour un courant alternatif d'une intensité moyenne, à 16 2/3 périodes.

Avec un éclissage à la pâte, comme sur la ligne de Cerdagne, chaque joint introduisant une résistance égale à 2 m de rail courant, en moyenne, on aurait pour la résistance apparente de 1 km de voie unique, en ohms :

$$\frac{1}{2}[1\,000 \times 2,5 \times 4 \times 10^{-5} + 99 \times 2 \times 4 \times 10^{-5}] = 0,05396,$$

soit la même valeur que précédemment.

Mais il faut remarquer qu'avec les connexions en cuivre on ne peut compter conserver la résistance apparente ci-dessus calculée qu'à la condition de s'assujettir à un entretien très coûteux, alors qu'avec l'éclissage à la pâte, cette valeur calculée est la moyenne de celles que, d'après les résultats acquis sur notre ligne de Cerdagne, on mesurerait après plusieurs années de service.

Nous rappellerons à ce propos que, lors des mesures effectuées dès la fin de l'année 1913, quatre mois seulement après la pose des connexions en cuivre aux joints des rails de la voie Lourdes-Pierrefitte, la résistance apparente de 350 m de voie, pour un courant alternatif (16 2/3 périodes) d'une intensité de 20 ampères était de 0,0665 ohm. Ceci correspond à une résistance apparente de 0,185 ohms pour 1 km de voie, plus de trois fois plus forte que la valeur théorique calculée ci-dessus.

C'est au mauvais état vérifié par la suite des connexions électrique des joints, quoique relativement récentes de pose, que l'on doit attribuer cette résistance élevée. Beaucoup de connexions étaient, en effet, rompues.

Chute de voltage dans la voie. — En admettant cependant la valeur calculée de 0,05396 ohm pour la résistance de 1 km de voie unique, avec un courant de retour d'une intensité de 200 ampères, circulant dans les rails, la différence de voltage entre deux points éloignés de 10 km sur la voie pourrait atteindre 108 V. Une telle chute de voltage risquerait certainement de créer des différences de tension inadmissibles en certains points de la ligne, entre les rails et le sol immédiatement voisin.

C'est ainsi que nous avons pu constater une différence de potentiel de 6 V entre le sol au contact de la voie et le sol, à 6 m du rail le plus voisin, après de la gare d'Argelès-Gazost, entre Lourdes et Pierrefitte.

Pour éviter ces différences de tension entre rails et sol, les rails de la voie sont reliés à des plaques de terre réparties tous les 3 ou 4 km, en moyenne. Ces terres sont réalisées aux points les plus favorables d'après la nature du sol, et notamment dans les cours d'eau traversés par la voie ferrée. Il est évident que leur présence favorise les dérivations du courant de retour dans le sol.

La recherche des moyens d'améliorer la résistance apparente de la voie de roulement en courant alternatif, en particulier par l'éclissage électrique des joints des rails, et l'installation de prises de terre reliées à ces rails, paraissent deux mesures contradictoires. L'éclissage électrique, en effet, ne semble utile, *a priori*, que pour maintenir le courant de retour dans les rails.

Lors de leur électrification, l'éclissage électrique des joints des rails a été cependant presque toujours adopté sur les réseaux utilisant les rails de roulement comme conducteur de retour. Il eût été intéressant de savoir si cet éclissage électrique a été bien entretenu par la suite. Nous n'avons pu nous renseigner exactement sur les sujétions et les frais que comportait pour ces installations l'entretien de cet éclissage.

Dans les installations à courant continu, la variation de résistance du conducteur de retour est très sensible, dès que quelques connexions sont rompues. C'est généralement par des mesures fréquentes de cette résistance du conducteur de retour que l'on apprécie l'état de l'éclissage et que l'on est averti, en temps utile, du besoin d'une vérification détaillée des joints.

Avec le courant alternatif, les mises à la terre fréquentes des rails le long de la voie paraissent devoir rendre superflu un tel entretien, car elles offrent au courant de traction un conducteur de retour complexe, dont la résistance apparente reste sensiblement constante, même si les connexions de quelques joints sont rompues.

L'utilité de l'éclissage électrique des joints des rails de roulement sur les lignes où l'emploi du courant alternatif monophasé était prévu, paraissait donc douteuse. La Compagnie du Midi fit alors procéder à plusieurs séries d'expériences ayant pour but d'étudier si, dans certains cas, cependant, cet éclissage pouvait être avantageux.

CHAPITRE III

Dérivation du courant de retour dans le sol.

Mise à la terre des rails de la voie. — Sur les lignes à courant monophasé de la Compagnie du Midi, la mise à la terre des rails de roulement est réalisée :

1° Par la réunion des files de rails aux pylônes métalliques supportant la ligne aérienne *(fig. 5)* : chacun de ces pylônes, implanté dans un massif de béton, étant lui-même « mis à la terre » par une connexion métallique traversant le massif et s'enfonçant dans le sol au-dessous du massif.

Des mesures effectuées par nos soins ont démontré que la résistance des « terres » ainsi réalisées variait de 100 ohms à 25 ohms, selon la nature du terrain où elles étaient placées.

2° Par la réunion des rails à des « terres » dites « terres supplémentaires » comportant chacune, soit une tôle de zinc de 1 m² de surface, soit des coupons de rails, soit des tuyaux en tôle. Ces « terres supplémentaires » généralement réparties tous les 3 ou 4 km en moyenne, ont été exécutées dans les lits des cours d'eau traversés par la voie, ou dans les mares voisines. La résistance moyenne de chacune de ces terres est d'environ 15 ohms.

3° Nous rappellerons enfin qu'une mise à la terre permanente non négligeable est réalisée par le défaut d'isolement des rails par rapport au sol, aux passages à niveau notamment.

Mesures antérieures du courant revenant par la terre. — Il nous paraît utile de rappeler tout d'abord quelques résultats obtenus sur diverses lignes à courant alternatif, autres que celles de la Compagnie du Midi :

a) Sur le chemin de fer de Murnau à Oberammergau, avec rails éclissés électriquement, 25 à 35 0/0 du courant fourni par la ligne de contact aérienne revient par la terre.

b) Sur la ligne de Marienfelde à Zossen, également éclissée électriquement, 27,5 0/0 du courant de retour passe par la terre. L'intensité du courant de retour restant dans les rails a été re-

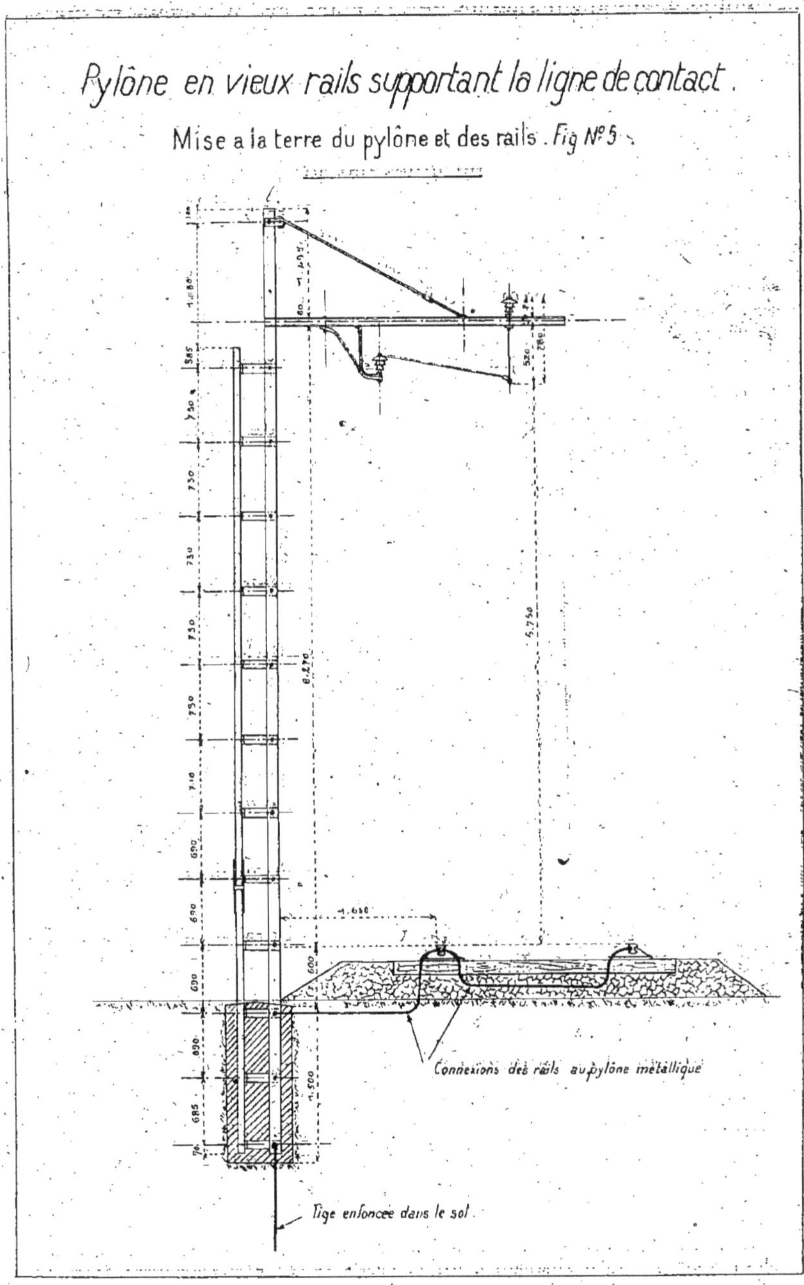

Pylône en vieux rails supportant la ligne de contact.

Mise à la terre du pylône et des rails. Fig Nº 5.

connue d'autant plus faible que le point où elle était mesurée était plus éloigné de la connexion reliant la ligne aérienne aux rails.

Les conclusions des expériences effectuées sur cette ligne peuvent se résumer ainsi :

1° Les conditions climatériques ont joué un très faible rôle. On n'a pas constaté de différences sensibles que les expériences aient eu lieu par temps sec ou par une pluie abondante.

2° La liaison aux rails des plaques de terre réparties le long de la voie n'a pas exercé d'influence sensible sur les phénomènes.

3° En pratique, la grandeur de la surface des rails joue un rôle très important. S'il existe aux stations des postes d'aiguillages étendus, la terre est parcourue par un courant relativement important, même quand le sol est tout à fait sec.

Nous ajouterons que ces conclusions ont été approximativement vérifiées par nos propres expériences ; les quelques différences constatées peuvent être attribuées à ce que les longueurs des voies affectées aux essais entre Marienfelde et Zossen (1) ne dépassaient pas 3 km. Cette distance est beaucoup trop faible pour se rendre exactement compte des conditions dans lesquelles s'effectue le retour du courant, comme nous le verrons par la suite.

c) Sur la ligne à double voie, dont les rails sont éclissés électriquement, de Dessau à Bitterfeld, la proportion de courant retournant par la terre a été évaluée à 36 0/0.

d) Sur la ligne de l'Abtal à voie unique et dont les rails ne sont pas éclissés électriquement, la proportion de courant revenant par le sol est évaluée à 65 0/0.

e) Sur la ligne du Wiesental, à voie unique et dont une seule file de rails est éclissée électriquement, la proportion correspondante est de 40 0/0.

Les expériences sur le réseau du Midi furent exécutées d'une part sur l'embranchement de Tarbes-Bagnères, dont les rails ne comportaient pas d'éclissage électrique, et d'autre part, sur l'embranchement de Lourdes à Pierrefitte, après une revision et une réfection complète de l'éclissage électrique réalisé sur cette section.

(1) Voir l'article « Détermination expérimentale des grandeurs nécessaires au calcul des réseaux à courant alternatif », par L. Lichtenstein : *Elektrotechnische Zeitschrift* (20 juin 1907), et l'*Éclairage Électrique*, année 1907, n°s 29-30-32-33.

I. — Expériences sur la ligne de Tarbes à Bagnères.

Un feeder venant de l'usine de Soulom alimentait la caténaire Tarbes-Bagnères au P. K. 249.000, et un second feeder relié aux rails au même point assurait le retour du courant à l'usine. Nous pouvons dire que l'alimentation de la ligne de Bagnères s'effectuait par une « sous-station fictive » placée au P. K. 249.000.

Une automotrice remorquée par une locomotive à vapeur circulait avec un archet levé frottant contre le fil de contact de la caténaire. Par cet archet directement relié au châssis de l'automotrice, on court-circuitait la caténaire aux rails, aux points successifs où se trouvait le convoi.

La tension était réglée au départ de Soulom de façon que l'intensité du courant monophasé 16 2/3 périodes, reste sensiblement constante quel que soit le point où se trouvait l'automotrice. Cette tension est d'ailleurs restée voisine de 6 000 V, en raison de ce que le circuit suivi par le courant présentait la majeure partie de son impédance entre Soulom et le P. K. 249.000.

Des observateurs respectivement placés aux passages à niveau n°s 102, 105, 109 et 112, mesuraient l'intensité du courant circulant dans les rails, en chacun de ces points. A cet effet, des joints isolés remplaçaient les joints mécaniques correspondants pour permettre, à la fois, le passage des trains sur ces joints et le branchement des ampèremètres.

L'intensité du courant débité dans la caténaire était mesurée à l'usine de Soulom et à la sous-station de Tarbes. Dans cette sous-station, on avait placé un interrupteur et un ampèremètre sur le feeder allant alimenter la ligne de contact au P. K. 249.

Mesures au P. N. 112 (P. K. 262.187). — L'opérateur placé au P. N. 112 relevait l'intensité du courant de retour passant dans les rails pendant que l'automotrice était remorquée du P. N. 112 vers Bagnères et qu'un débit maintenu aussi voisin que possible de 50 ampères circulait dans la ligne de contact. Les mêmes mesures étaient faites ensuite, avec un débit maintenu voisin de 100 ampères, au cours d'un deuxième voyage de l'automotrice.

Les pylônes supports de la caténaire sont constamment restés réunis aux rails de la voie, assurant ainsi une certaine mise à la terre de ces rails. Mais alors que dans les deux séries de lectures signalées ci-dessus, les « terres supplémentaires » étaient connectées aux rails, au cours de deux autres séries de lectures, les connexions aux « terres supplémentaires » avaient été momentanément enlevées.

Une autre série de lectures a également été effectuée, les « terres supplémentaires » déconnectées, pendant que l'automotrice circulait entre le P. N. 112 et le P. K. 249.000.

Les résultats obtenus, dans ces diverses expériences, ont été notés comme suit :

L'opérateur du P. N. 112 et un opérateur placé sur l'automotrice, ayant préalablement réglé leurs montres d'accord, étaient avertis de la mise en marche du convoi d'essai par un coup de sifflet de la locomotive, et chacun d'eux faisait inscrire l'heure de départ par l'aide-opérateur qui lui était adjoint.

D'autre part, la fermeture du disjoncteur de l'automotrice, effectuée au moment du départ, produisait à la sous-station de Tarbes une déviation brusque de l'aiguille de l'ampèremètre qui précisait le commencement de l'essai, déja annoncé d'ailleurs par un avis téléphonique quelques secondes auparavant.

A chaque passage sur les joints de la voie, soit tous les 11 m, sur une centaines de mètres, au voisinage immédiat du P. N. 112 ; puis devant chaque pylône ensuite, soit tous les 50 m, un coup de sifflet ordonnait à l'opérateur du P. N. 112 d'effectuer une lecture que son aide inscrivait en regard de l'indication de l'heure. Cet avertissement s'entendait fort bien durant les premières kilomètres, les essais ayant lieu de nuit. Après un certain parcours, lorsque les signaux acoustiques n'étaient plus distincts, l'opérateur du P. N. 112 continuait ses lectures à intervalles de temps égaux, qui correspondaient d'ailleurs très approximativement aux passages du convoi devant les pylônes.

L'opérateur placé sur l'automotrice et son aide inscrivaient également l'heure de leur passage sur chaque joint au voisinage du P. N. 112 et devant chaque pylône, pour la suite du parcours.

La vitesse d'avancement du convoi d'essai était suffisamment réduite pour permettre commodément toutes les lectures. Sur les cent mètres avoisinant le P. N. 112, la vitesse était très faible et un arrêt était effectué aux joints des rails. Sur le reste du parcours, la vitesse était maintenue aussi voisine que possible de 18 km à l'heure, et les lectures s'effectuaient toutes les dix secondes.

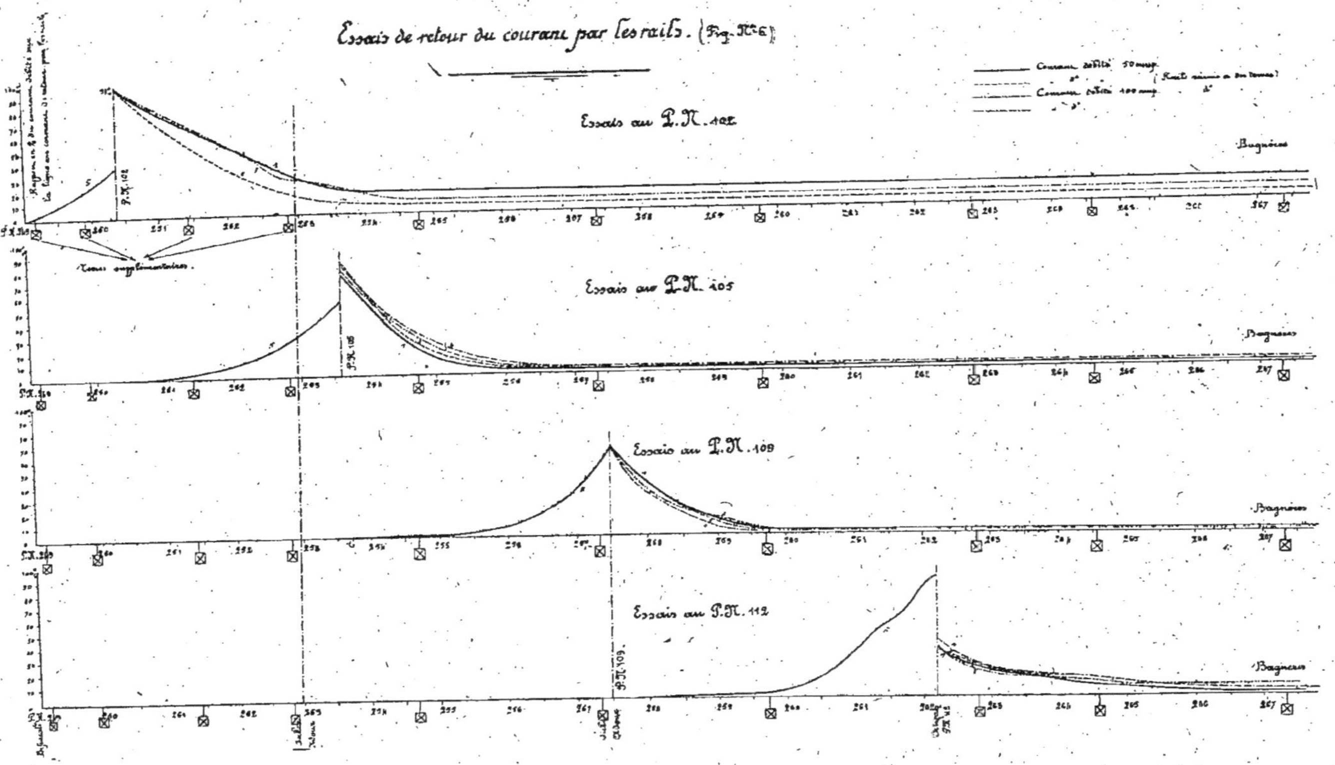
Essais de retour du courant par les rails. (Fig. N° 6)
Courant débité 50 amp.
Courant débité 100 amp.
Essais au P.K. 102
Essais au P.K. 105
Essais au P.K. 109
Essais au P.K. 112
Bagnères
Tores supplémentaires
P.K. 102
P.K. 105
P.K. 109

Les heures inscrites par les divers opérateurs étaient ensuite rapprochées et les lectures correspondantes des instruments de mesure également.

Au cours de chaque expérience, l'ampérage fourni par l'usine de Soulom a varié, mais entre des limites suffisamment rapprochées pour que les rapports trouvés entre l'intensité du courant passant dans les rails et l'intensité du courant débité dans la caténaire puissent être considérés comme se rapportant au cas où l'intensité du courant débité dans la caténaire fut restée constamment égale à 50 ou à 100 ampères, selon le cas.

Les courbes représentées à la *figure 6* représentent les résultats des diverses expériences. Les distances successives de l'automotrice à la sous-station fictive (P. K. 249.000) ont été portées en abscisses, et la proportion du courant de retour passant dans les rails au P. N. 112, correspondant à chaque position du convoi sur la ligne, a été portée en ordonnées.

Essais aux P. N. 102 (P. K. 250.346), 105 (P. K. 253.590) et 109 (P. K. 257.503). — Les lectures correspondantes ont servi à construire des courbes analogues à celles obtenues pour le P. N. 112. Ces courbes sont toutes représentées à la *figure 6* sauf celle relative au P. N. 102 avec débit de 100 ampères, et terres supplémentaires supprimées, qui n'a pu être entièrement relevée, et pour laquelle on n'a pas jugé utile de continuer les expériences une nuit de plus.

Interprétation et discussion. — Ces courbes montrent tout d'abord que l'on ne peut constater une proportion importante du courante de retour dans les rails qu'au voisinage immédiat du train. Par raison de symétrie, il en est de même au voisinage de la sous-station, car l'automotrice et la sous-station jouent évidemment un rôle analogue. Celle-ci puisse les filets de courant dans les rails et par ceux-ci dans la terre avoisinante, alors que l'automotrice paraît refouler les filets de courant dans les rails d'abord et par ceux-ci dans le sol. Les essais effectués sur la section Lourdes-Pierrefitte, et que nous rapportons plus loin, justifient d'ailleurs cette manière de voir.

Les considérations ci-après se déduisent également de l'examen de ces courbes.

Les filets de courant venus de l'automotrice se répandent dans les rails en deux fractions : l'une C_{av} « en avant » du locomoteur (vers Bagnères) et l'autre C_{ar} « en arrière » du locomoteur *(fig. 7)*.

Nous admettons ici que la partie de voie « en avant » de l'automotrice est celle placée entre elle et Bagnères, soit que l'automotrice s'éloigne, soit qu'elle se rapproche de la sous-station fictive.

La fraction C_{av} s'écoule peu à peu des rails au sol, sur une longueur L_{ar} et reste ensuite dans la terre, jusqu'au voisinage de la sous-station où elle parvient après être rentrée de nouveau dans les rails. Il est à remarquer que cette fraction C_{av} est d'au-

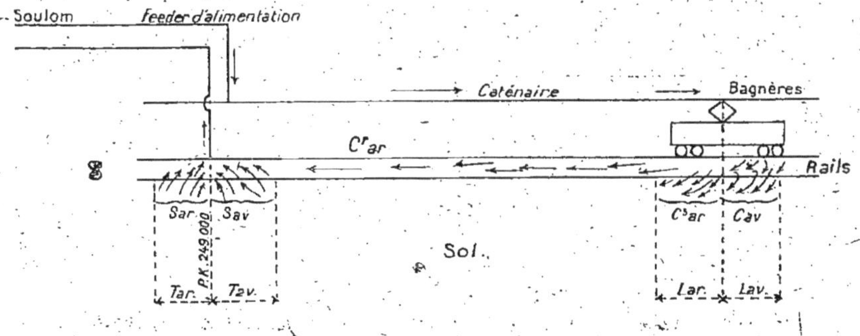

Fig. N°7 _ *Schéma de la répartition du courant de retour.*

tant plus importante que l'automotrice est plus éloignée de la sous-station.

La fraction C_{ar} se partage en deux parties : l'une C^s_{ar} qui s'écoule totalement au sol par les rails placés en arrière de l'automotrice sur une longueur L_{ar} de voie ; l'autre C^r_{ar} qui revient à la sous-station sans jamais abandonner les rails de roulement.

Les deux fractions C_{av} et C^s_{ar} qui se sont écoulées des rails dans le sol sur les longueurs respectives L_{av} et L_{ar} rentrent à la sous-station en passant de nouveau dans les rails et cette rentrée s'effectue seulement au voisinage immédiat de la sous-station : à l'avant de la sous-station, sur une longueur de voie T_{ar} ; en arrière, sur une longueur de voie T_{ar}.

Les erreurs de lecture, le défaut de concordance absolue entre les divers observateurs, les divergences accusées par les appareils de mesure ; et la répartition sur plusieurs nuits des expériences effectuées, suffisent à expliquer quelques résultats singuliers accusés par nos courbes. Il est évident que l'on ne saurait avoir pratiquement, *au même instant*, 77 0/0 du courant de retour dans les rails en avant du train électrique et 56 0/0 de ce courant dans les rails en arrière du train, comme semblent l'indiquer les courbes 1 et 5 pour le P. N. 105, par exemple.

De même au P. N. 102, on ne saurait avoir 98 0/0 du courant de retour en arrière du train, alors que l'on constate 33 0/0 de courant dans les rails en avant du train.

Nous estimons cependant que les résultats obtenus présentent une approximation suffisante pour permettre d'en tirer les conclusions pratiques qui faisaient l'objet de nos recherches.

Si le train électrique et la sous-station qui l'alimente se trouvaient placés tous deux dans un milieu homogène, ou tout au moins dans des conditions sensiblement identiques, tout se passerait identiquement aux abords du train et de la sous-station.

Ces conditions seraient approximativement remplies si le train et la sous-station étaient :

1° En pleine voie, éloignés de gares possédant un important faisceau de voies ;

2° Sur des terrains de même composition ;

3° Si nous admettons que la résistance de contact rails-sol est uniforme tout le long de la ligne.

Dans ce cas, on pourrait écrire :

$$\left.\begin{array}{l} T_{av} = L_{ar} \\ T_{ar} = L_{ar} \end{array}\right\} [3] \qquad \left.\begin{array}{l} C_{av} = S_{ar} \\ C^{s}_{ar} = S_{av} \end{array}\right\} [4]$$

en appelant S_{ar} et S_{av} les fractions du courant de retour rentrant du sol dans les rails respectivement en arrière et en avant de la sous-station.

En réalité, les conditions ci-dessus ne se présentent jamais d'une façon aussi parfaite. Les zones de rentrée et de sortie du courant ne sont pas aussi nettement limitées que nous l'avons supposé, et il se produit des déperditions des rails au sol et des retours du sol aux rails, sur de très grandes longueurs de voie. Les résultats obtenus montrent que l'on peut déterminer des longueurs de rails T_{av}, T_{ar}, L_{ar}, L_{av} au delà desquelles on peut considérer comme négligeables les passages de courant des rails au sol et inversement.

Ces longueurs T_{av}, T_{ar}, L_{av}, L_{ar} peuvent varier avec les conditions d'établissement des lignes, l'intensité du courant de traction, etc. La connaissance de leur valeur approximative suffit pour en tirer des conclusions intéressantes.

Sur la ligne de Bagnères, les longueurs L_{av}, L_{ar} sont comprises entre 2 et 3 km.

a) Influence des terres supplémentaires. — Pour la majorité de nos observations, l'influence des terres supplémentaires n'a pas été bien sensible.

Cette influence aurait peut-être été plus nettement accusée si l'on avait pris soin d'enlever toutes les connexions des pylônes aux rails en même temps que l'on supprimait les terres supplémentaires.

Cependant, lors des mesures faites au P. N. 102, avec une intensité de 50 ampères, les intensités mesurées lorsque les terres supplémentaires étaient reliées aux rails, ont été trouvées réduites à la moitié des valeurs trouvées lorsque les rails n'étaient pas reliés aux terres supplémentaires, mais seulement à partir du moment où le train était éloigné du poste de mesure de plus de 1 km.

Cette réduction s'explique si l'on remarque que le P. N. 102, situé au P. K. 250 346, soit à 1 346 m de la sous-station fictive, est compris dans la zone T_{av} de rentrée du courant dans les rails, en avant de la sous-station, quelle que soit la position du train électrique. L'addition des deux terres supplémentaires relativement peu résistantes, celle du P. K. 249 100 et celle du P. K. 249 800 a dû favoriser la rentrée dans les rails compris entre la sous-station et le P. N. 102 des filets de courant circulant dans le sol avoisinant, en diminuant par suite l'intensité du courant dont le passage dans les rails était noté au P. N. 102. Les terres supplémentaires placées au delà du P. N. 102 vers Bagnères ne pouvaient intervenir efficacement, n'étant pas situées dans la zone T_{av} de la sous-station.

Les autres résultats démontrent la diminution continue de l'influence des mises à la terre supplémentaires au fur et à mesure de l'éloignement du train de la sous-station, même aux abords immédiats de la sous-station ou du train électrique.

b) Influence de l'intensité débitée dans la caténaire. — Lorsque le débit dans la caténaire passe de 50 à 100 ampères, le rapport P_0 de l'intensité du courant passant dans les rails aux points de la voie compris entre la sous-station et le train électrique, en dehors des zones efficaces des échanges de courant entre les rails et le sol, à l'intensité du courant circulant dans la ligne de contact augmente très peu ; il reste inférieur à 5 0/0.

En chacun de ces points, ce rapport P_o reste invariable, lorsque l'intensité débitée dans la caténaire reste constante quel que soit l'éloignement du train de la sous-station.

Le rapport P de l'intensité du courant passant dans les rails, à l'intensité débitée dans la caténaire, est au contraire d'autant plus grand que le point d'observation choisi est plus rapproché, soit de la sous-station, soit du train électrique, si la lecture est faite dans l'une des zones L_{av}, L_{ar}, T_{av}, T_{ar}, et dans ces zones, l'influence de l'intensité débitée dans la ligne de contact est alors sensible.

c) Influence de la distance du train à la sous-station. — Pour une même intensité dans la ligne aérienne, lorsque le train est encore peu éloigné de la sous-station, le maximum P_i du rapport mesuré en arrière du train (zone L_{ar}) est beaucoup plus fort que le maximum P_e du rapport mesuré en avant du train (zone L_{av}).

Lorsque le train s'éloigne de la sous-station, P_i diminue et P_e augmente. Le rapport P_e finit par égaler P_i, puis lui devient supérieur.

Il est probable que la nature des couches constitutives du sous-sol de la région avoisinant la voie ferrée, ainsi que la proximité d'une rivière, influent sur la répartition des filets de courant circulant hors des rails.

Le faisceau des voies de la gare de Bagnères-de-Bigorre terminus de l'embranchement considéré ici, ne peut favoriser l'afflux de courant dans les rails en avant du train électrique pour lui permettre de s'écouler dans la terre par les multiples points de contact qu'il réalise avec le sol, que si le train est près de Bagnères.

En ce qui concerne l'influence de la rivière Adour, l'examen de la carte *(fig. 8)* permet de croire que son influence aurait dû se faire sentir sur les mesures effectuées aux quatre passages à niveau. Or, l'augmentation du pourcentage de courant circulant dans les rails en avant du train électrique au fur et à mesure que l'on s'éloigne de la sous-station, est un fait constant nettement et de plus en plus accusé en allant du P. N. 102 au P. N. 112. L'influence de cette rivière qui traverse cependant la voie à Bagnères, ne nous paraît pas suffisante pour justifier cette augmentation.

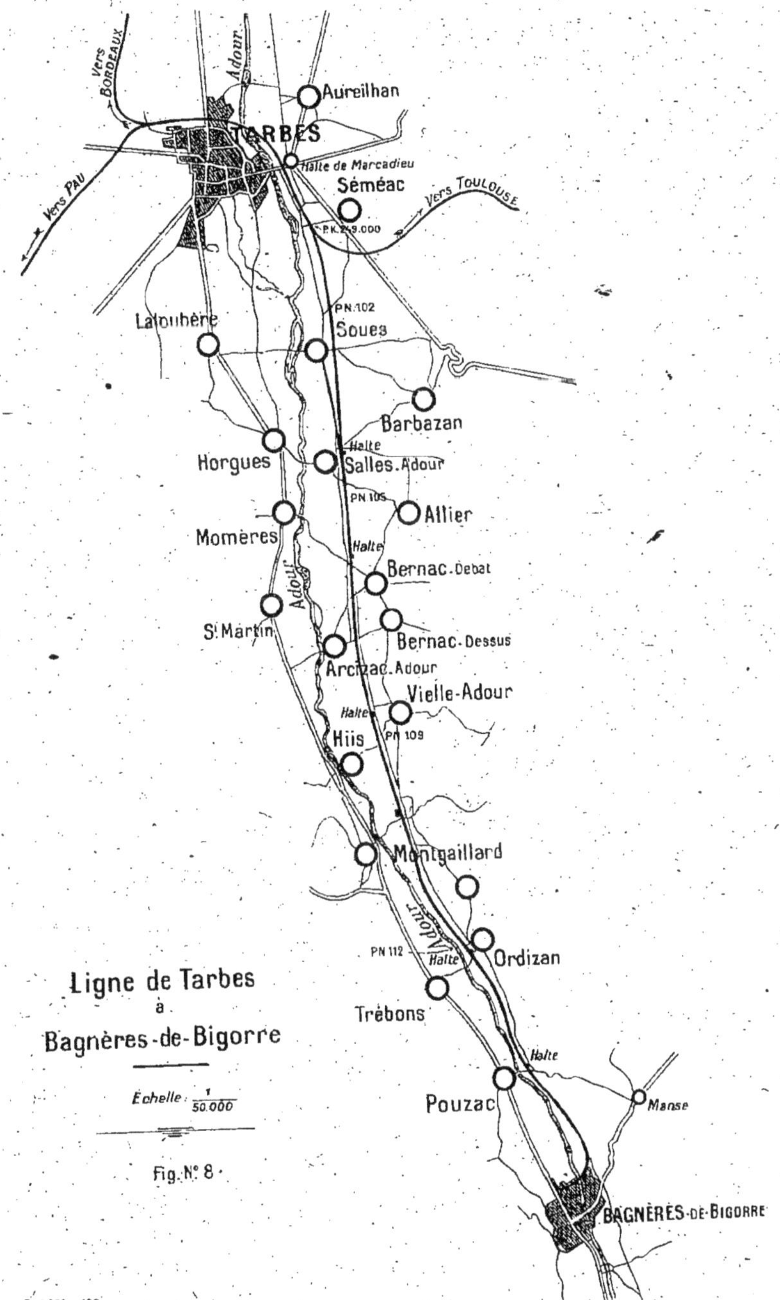

Ligne de Tarbes
à
Bagnères-de-Bigorre

Échelle : $\frac{1}{50.000}$

Fig. N° 8

Des recherches approfondies pour lesquelles le temps matériel nous a fait défaut pourraient peut-être nous mieux renseigner à cet égard.

Quoi qu'il en soit, on peut dire que les filets de courant revenant du train à la sous-station paraissent suivre des lois analogues à celles qui régissent les lignes de force magnétique

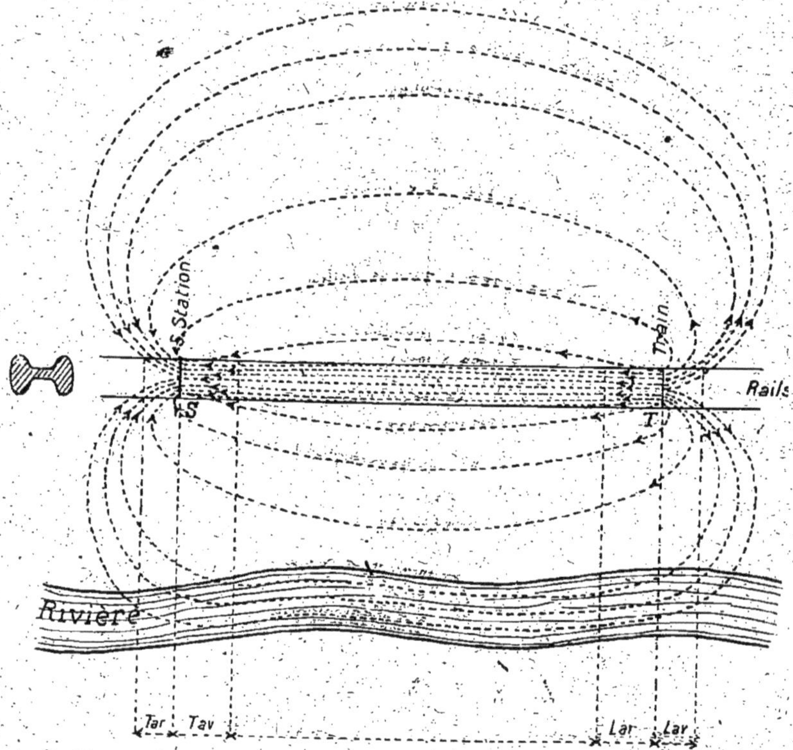

Fig. N° 9 - *Répartition schématique des filets de courant dans les rails et le sol.*

que l'on fait apparaître nettement dans l'expérience bien connue du « spectre magnétique ».

Les rails de la voie sur laquelle se trouvent le train électrique et la sous-station, jouent, semble-t-il, à l'égard des filets de courant, le même rôle qu'un barreau aimanté possédant deux pôles : T (train), S (sous-station) (*fig. 9*), à l'égard des lignes de force magnétique.

Entre ces deux pôles, les filets de courant circulent soit à travers le sol environnant le barreau, soit à travers le barreau lui-même.

Lorsque le barreau est court, peu de filets de courant passent extérieurement au barreau.

Lorsque le barreau est long, la plus grande partie des filets de courant passent extérieurement au barreau. Ce n'est qu'aux abords des pôles que l'on constate une proportion sensible de filets dans le barreau.

L'influence d'une rivière (comme aussi celle de la nature des couches du sous-sol) modifie le chemin suivi par les filets de courant extérieurs aux rails (*fig. 9*).

Il est intéressant de remarquer que l'alimentation des locomoteurs électriques par la caténaire avec retour du courant par les rails, constitue un transport de force, à distance variable, par deux conducteurs dont l'un est « en contact » avec le sol.

Un tel transport se rapproche beaucoup, au moins dans le cas de la ligne de Bagnères dont les files de rails sont mauvaises conductrices et fréquemment réunies à des prises de terre, à celui qui serait réalisé par une ligne à haute tension, comportant un conducteur isolé et dont le retour s'effectuerait par le sol.

Or, une ligne de transport, établie dans ces conditions, présente les particularités suivantes :

La résistance du sol pouvant être considérée comme négligeable, la résistance du conducteur de retour est, dans ce cas, entièrement localisée aux prises de terre réalisées aux extrémités de la ligne de transport et aux abords de ces prises.

Autour de chacune de ces prises de terre, on peut tracer des lignes à contours plus ou moins compliqués, selon la nature des terrains avoisinants, telles que la chute de voltage entre deux lignes successives, soit, par exemple, de 1 V.

Celles de ces lignes, très voisines des prises de terre, sont extrêmement rapprochées les unes des autres, comme l'exige le fait que la presque totalité de la chute de voltage correspondant au conducteur de retour (prises de terre et sol) se produit au voisinage immédiat des deux prises de terre (1).

On peut dès lors mettre en évidence autour de chacune de ces prises de terre une zone telle que la chute de voltage du péri-

(1) Voir les expériences faites en octobre 1903, par MM. E. Harlé, Pionchon, Barbillion, à Lancey (Isère).

mètre d'une zone au périmètre de l'autre soit inférieure à tout voltage donné, par exemple 1 volt; 1/10 de volt, etc. Pour un transport de force ainsi réalisé, chacune de ces zones s'étendra à quelques kilomètres au plus, de la prise de terre correspondante. Des vallées, des montagnes, etc., modifieront plus ou moins la configuration de ces zones et pourront les rapprocher sur certains points. Dans des terrains homogènes, ces zones sont approximativement des cercles ayant chacun pour centre l'extrémité de ligne qui lui correspond. Le diamètre de ces cercles peut varier avec l'intensité du courant débité, mais ces variations sont faibles par rapport à la distance séparant les deux extrémités d'une ligne de transport dépassant une dizaine de kilomètres.

Nous passerons au cas de l'alimentation d'un train électrique, en supposant réunies, par une voie de roulement en contact avec le sol, les deux prises de terre des extrémités de la ligne de transport examinée ci-dessus. Une telle liaison aura pour effet de déformer la configuration des zones envisagées plus haut en raison d'abord de la modification de la structure des prises de terre elles-mêmes (allongées par les rails) et ensuite du changement dans la nature du conducteur de retour qui sera composé maintenant des prises de terre, du sol et des rails, alors qu'auparavant il ne comportait que les prises de terre extrêmes et le sol.

Les points d'intersection des contours des zones de voltage et des rails seront donc nombreux aux abords des extrémités de la ligne de transport. Ceci revient à dire que la chute de voltage le long des rails sera rapide sur quelques kilomètres de voie à l'amont et à l'aval du train, ainsi qu'à l'amont et à l'aval de la sous-station d'alimentation. La chute de voltage sera au contraire très lente vers le milieu de l'intervalle train-sous-station.

Cette répartition de la chute de voltage entre le train et la sous-station correspond à une répartition de l'intensité du courant de retour telle qu'elle se déduit de nos expériences.

d) Influence de la multiplication des sous-stations d'alimentation. — En tenant compte des résultats indiqués par les courbes de la *figure 6*. nous pouvons tracer avec une approximation suffisante la courbe de répartition du courant de retour dans les rails pour chacune des positions du train électrique par rapport à la

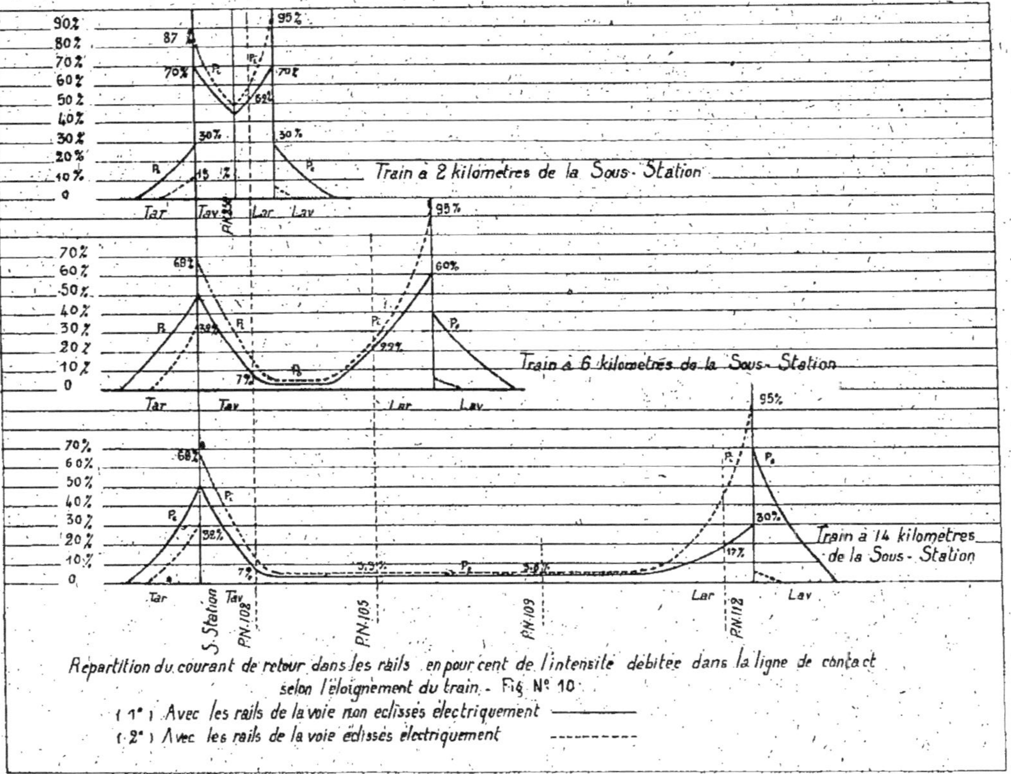

Repartition du courant de retour dans les rails en pour cent de l'intensite debitée dans la ligne de contact selon l'éloignement du train. - Fig. N° 10.

(1°) Avec les rails de la voie non eclissés électriquement ————

(2°) Avec les rails de la voie éclissés électriquement - - - - - - -

sous-station d'alimentation. Nous avons tracé en trait plein (*fig. 10*) les courbes correspondant au moment où le train est :

1° Au P. K. 251, à 2 km de la sous-station;
2° Au P. K. 255, à 6 km de la sous-station;
3° Au P. K. 263, à 14 km de la sous-station.

L'examen de ces courbes de répartition nous permet de formuler la proposition suivante, qu'il était d'ailleurs facile de prévoir *a priori* :

La proportion du courant de retour restant dans les rails est d'autant plus grande que les sous-stations d'alimentation sont plus rapprochées, c'est-à-dire que leur nombre est plus grand sur une longueur donnée.

La courbe n° 1, se rapportant à un débit dans la caténaire de 50 ampères, les terres connectées aux rails, nous montre qu'en tout point de la voie compris entre le train et la sous-station, il passe au moins 45 0/0 du courant de retour dans les rails.

Si donc une deuxième sous-station était placée au P. K. 253, nous mesurerions toujours dans les rails une proportion du courant de retour supérieure à 45 0/0, en tout point de la voie compris entre cette deuxième sous-station et le train lorsque celui-ci circulerait entre le P. K. 249 et le P. K. 255.

Avec une sous-station placée tous les 4 km, sur la ligne de Tarbes à Bagnères, les trains électriques ne seraient jamais à plus de 2 km de la sous-station les alimentant. Dans ces conditions, l'intensité du courant de retour dans les rails entre train et sous-station serait toujours supérieure à 45 0/0 de celle débitée dans la caténaire, car l'observateur chargé de mesurer cette intensité se trouverait toujours dans la partie de l'une des zones T_{av}, L_{ar}, où le pourcentage P dépasse 45 0/0.

II. — Expériences sur la ligne Lourdes a Pierrefitte.

a) Répartition du courant dans les rails entre le train et la sous-station. — Dans une première série d'expériences, on a cherché à déterminer la répartition du courant dans l'intervalle compris entre la sous-station d'alimentation et le train électrique.

A cet effet, au P. K. 192, la ligne de contact recevait 30 ampères environ par un feeder l'alimentant en courant alternatif monophasé 16 périodes 2/3 (*fig. 11*).

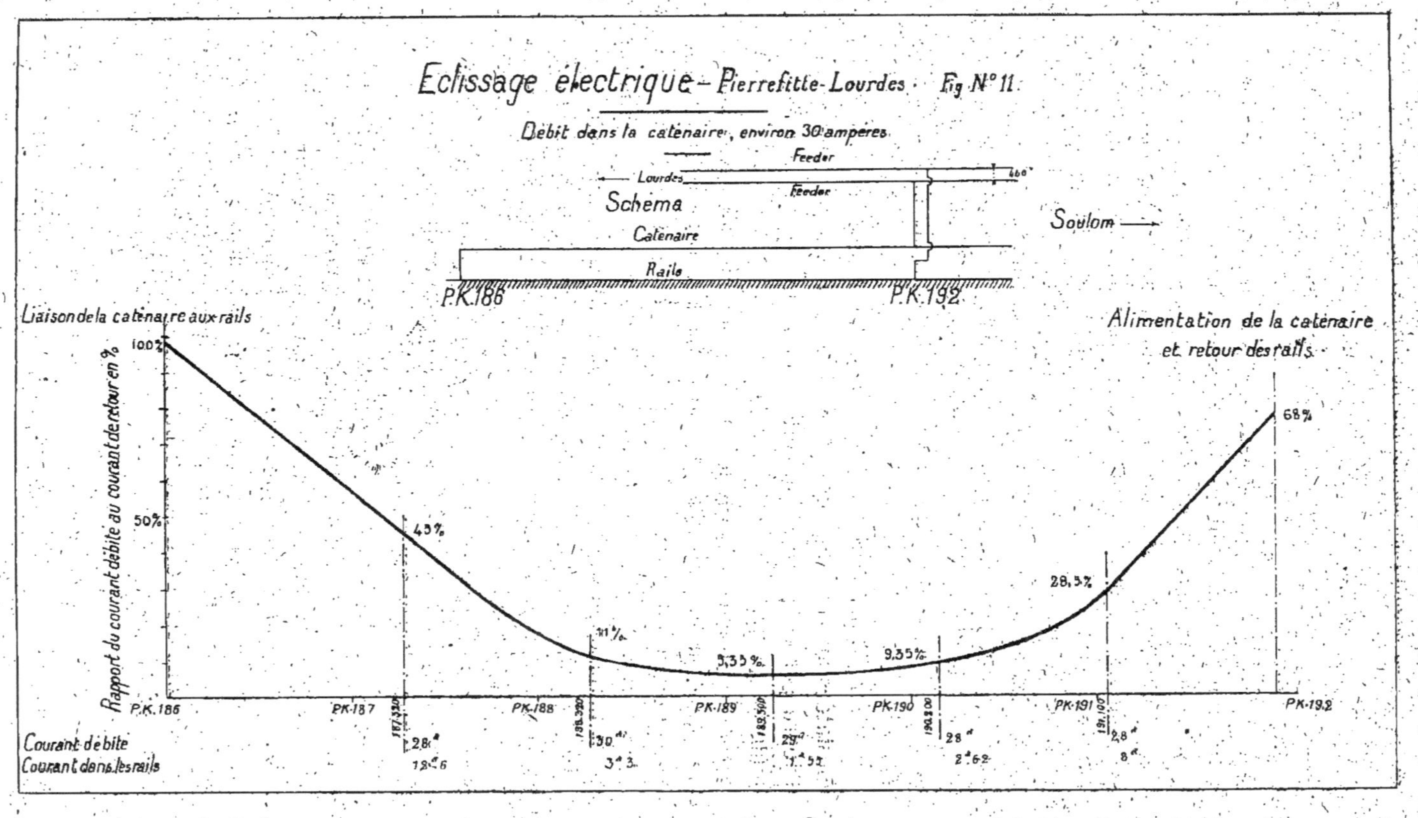
Eclissage électrique – Pierrefitte-Lourdes · Fig N° 11.
Débit dans la caténaire, environ 30 ampères.
Feeder
← Lourdes
Feeder
Schema
Caténaire
Rails
P.K.186
P.K.192
Soulom →
Liaison de la caténaire aux rails
Alimentation de la caténaire et retour des rails.
Rapport du courant débité au courant de retour en %
100%
50%
45%
11%
9,35%
9,35%
28,5%
68%
P.K.186
PK.187
PK.188
PK.189
PK.190
PK.191
PK.192
Courant débité
Courant dans les rails

Au P. K. 186, la ligne de contact était reliée directement aux deux files de rails par une connexion sans self ni résistance appréciables.

Au P. K. 192 les rails étaient réunis à un deuxième feeder dit « de retour » ramenant les 30 ampères débités à la borne basse tension de la sous-station de Lourdes.

Des opérateurs placés tous les kilomètres environ, observaient l'intensité de courant circulant dans les rails à des heures déterminées. A ces mêmes heures, l'intensité exacte du courant débité dans la caténaire était relevée à la sous-station de Lourdes. En portant en abscisses les distances sur la voie, et en ordonnées le pourcentage de l'intensité trouvée dans les rails par rapport à l'intensité débitée dans la ligne de contact, on a obtenu la courbe de répartition de l'intensité du courant dans les rails (*fig. 11*).

Les fortes proportions du courant de retour dans les rails constatées au voisinage des P. K. 186 et 192 s'expliquent tout d'abord par le fait que nous étions dans le cas du barreau de faible longueur.

Vers le milieu de la section de voie soumise aux expériences, la proportion de courant circulant sur 1 km de rails environ n'est que de 5,35 0/0.

Les longueurs des zones de passage du courant des rails au sol et inversement : L_{ar} et T_{av} sont ici d'environ 2 km, 500.

La comparaison de la courbe de répartition de la *figure 11* avec la courbe n° 2 de la *figure 10* permet de formuler les constatations suivantes :

En dehors des zones L_{ar} et T_{av}, l'éclissage électrique existant entre les P. K. 186 et 192 a élevé la valeur du rapport P_0 de 3,3 0/0 à 5,3 0/0 seulement.

Dans les zones L_{ar} et T_{av} l'éclissage électrique a eu un effet très sensible. Il a d'abord fait augmenter légèrement la longueur de ces zones en maintenant plus longtemps le courant dans les rails. Il a entraîné une diminution de la proportion du courant de retour dans les rails dans chacune des zones L_{av} et T_{ar}. Cette diminution étant d'ailleurs plus accentuée dans la zone L_{av} que dans la zone T_{ar}, l'éclissage semble donc réduire de beaucoup la fraction de courant qui tend à s'écouler vers le sol en avant du train.

Les courbes de répartition tracées en traits pleins (*fig. 10*), pour une voie sans éclissage électrique, et en pointillé pour une voie avec éclissage électrique, font nettement ressortir les conclusions ci-dessus.

b) Rentrée du courant à la sous-station d'alimentation. — Il était intéressant d'examiner de près comment s'opérait la répartition du courant dans les rails à l'avant et à l'arrière de la sous-station d'alimentation.

Dans ce but, après avoir soigneusement revisé à nouveau l'éclissage électrique des rails sur la ligne Lourdes-Pierrefitte, il fut procédé aux expériences suivantes :

La ligne de contact de la section de Lourdes à Pierrefitte était alimentée au P. K. 178.441 par l'usine de Soulom en courant alternatif monophasé (16 périodes 2/3) à l'aide d'un feeder. Les rails de roulement étaient, au même P. K. 178.441, réunis à un deuxième feeder ramenant à Soulom le courant de retour.

Une automotrice, dont l'archet glissait contre la ligne de contact, était remorquée par une locomotive à vapeur, entre le P. K. 178.441 et la gare de Pierrefitte, située au P. K. 192.200. L'archet et le châssis (et par suite les roues) de cette automotrice étaient directement reliés, de façon à court-circuiter la ligne de contact aux rails de roulement aux points successivement atteints par le convoi : locomotive à vapeur-automotrice.

La tension était réglée au départ de l'usine de Soulom, de manière à obtenir un débit à peu près constant de 100 ampères dans la ligne de contact, quelle que soit la position du convoi.

Première série de mesures. — Aux joints placés aux P. K. 178.430 et 178.452, étaient intercalés des ampèremètres destinés à mesurer l'intensité du courant circulant dans les rails 11 m à l'avant et 11 m à l'arrière de la sous-station fictive du P. K. 178.441.

Les lectures des intensités et le relevé de la position de l'automotrice étaient effectuées dans des conditions analogues à celles déjà décrites pour les expériences faites sur l'embranchement de Bagnères.

Les ordonnées des courbes 1 et 2 (*fig. 12*) donnent les intensités trouvées selon la position de l'automotrice sur la voie.

Deuxième série de mesures. — Lors du retour de l'automotrice de Pierrefitte vers Lourdes, les ampèremètres avaient été intercalés respectivement aux P. K. 178.386 et 178.496, soit à 55 m de part et d'autre de la sous-station fictive, aux joints correspondants.

Les courbes 1 et 2 de la *figure 13* indiquent les résultats obtenus dans cette nouvelle série de lectures.

Discussion. — La première série de mesures montre que lorsque l'automotrice est très voisine de la sous-station, la proportion P_{ar} de courant rentrant dans les rails *en arrière de la sous-station* est très faible. Cette proportion croît au fur et à mesure de l'éloignement de l'automotrice, pour atteindre une valeur maximum de 24 0/0 environ, dès que l'automotrice est à 5 km de la

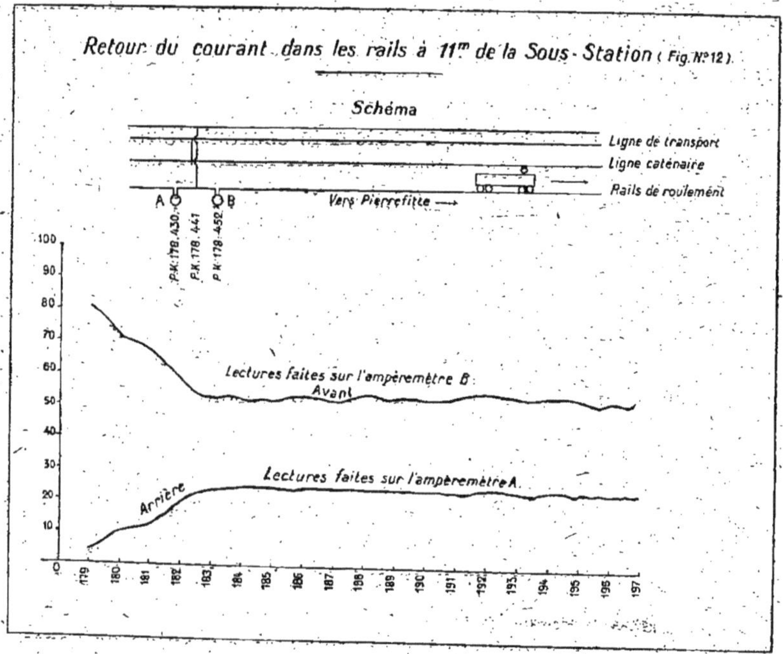

sous-station. Cette proportion conserve ensuite cette valeur maximum lorsque l'automotrice continue à s'éloigner.

La proportion P_{av} de courant rentrant *en avant de la sous-station* très forte d'abord, diminue lorsque l'automotrice s'éloigne et atteint une valeur minimum de 58 0/0 environ pour la même distance que ci-dessus (5 km), valeur qu'elle conserve ensuite quel que soit l'éloignement de l'automotrice.

C'est au fait qu'une partie du courant de retour rentre dans les rails entre les deux joints où sont placés les ampèremètres que l'on doit de n'avoir pour la somme $P_{ar} + P_{av}$ qu'une valeur de 82 0/0 de l'intensité du courant débité dans la caténaire, au lieu de 100 0/0.

La deuxième série de lectures donne des résultats semblables. Les proportions constantes atteintes lorsque le train est suffisamment éloigné sont alors :

$$P_{ar} = 22{,}5\ 0/0 \qquad P_{av} = 55{,}5\ 0/0$$

ce qui donne $P_{ar} + P_{ar} = 78\ 0/0.$

La fraction du courant qui rentre sur les 110 m de voie sépa-

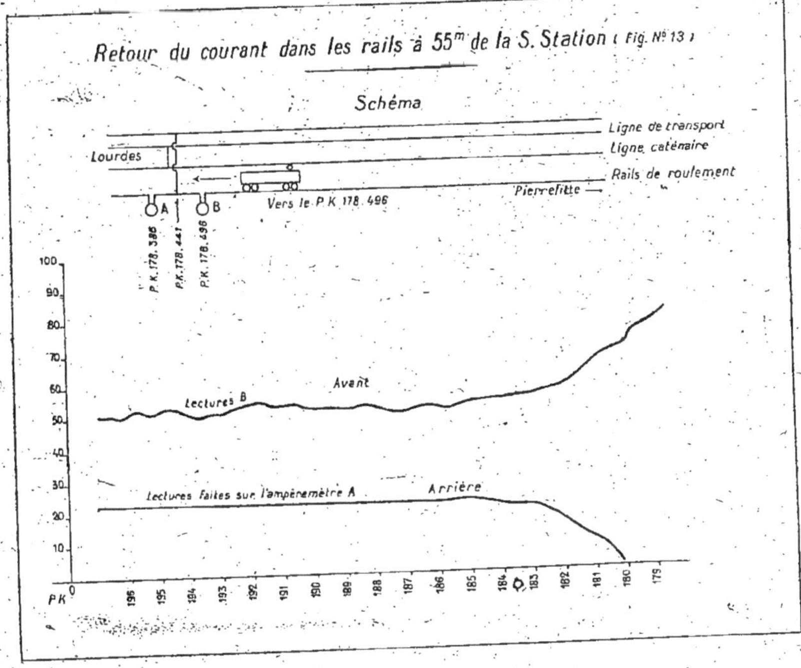

rant ici les deux ampèremètres, doit évidemment être plus importante que celle qui rentrait dans les 22 m de voie lors du premier essai.

Ce qui différencie surtout les résultats obtenus dans ces expériences de ceux obtenus sur la ligne de Tarbes à Bagnères, c'est que les rapports P_{ar} et P_{av} atteignent des valeurs constantes et que P_{ar} reste toujours inférieur à P_{av}.

L'éclissage électrique soigneusement revu aux abords du P. K. **178.441** ayant augmenté fortement la proportion de courant circulant dans les rails, dans les zones L_{ar} et T_{ar}, il en devait résul-

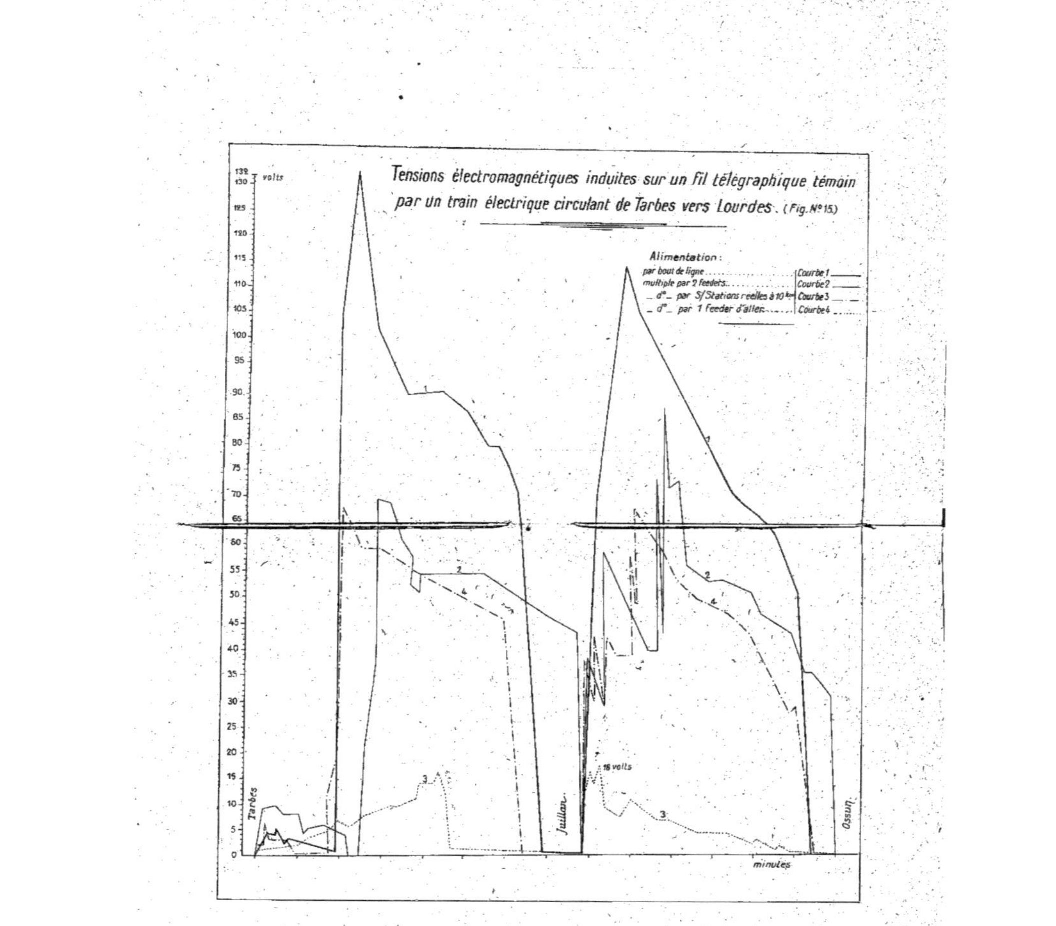
Tensions électromagnétiques induites sur un fil télégraphique témoin
par un train électrique circulant de Tarbes vers Lourdes. (Fig. N° 15)
Alimentation :
par bout de ligne — Courbe 1
multiple par 2 feeders — Courbe 2
— d° — par S/Stations réelles à 10 km — Courbe 3
— d° — par 1 feeder d'aller — Courbe 4
volts
16 volts
minutes
Tarbes
Juillan
Ossun

ter évidemment une diminution correspondante de la proportion de courant dans les zones L_{av} et T_{ar}.

Pour expliquer pourquoi les rapports P_{av} et P_{ar} conservent des valeurs constantes dès que le train s'est éloigné de plus de 5 km de la sous-station, de nouvelles expériences seront sans doute nécessaires.

L'éclissage électrique des joints permet de maintenir dans les rails un pourcentage donné du courant de retour, sans rapprocher les sous-stations d'alimentation aussi près les unes des autres que sur une voie non éclissée électriquement.

Ainsi, en plaçant une sous-station tous les 6 km environ nous pourrons mesurer en tous points de la voie une intensité du courant de retour circulant dans les rails éclissés électriquement supérieure à 45 0/0 de l'intensité débitée dans la caténaire, alors que sur l'embranchement de Bagnères les sous-stations devraient être réparties tous les 4 km environ pour obtenir le même résultat.

Influence de l'éclissage électrique des rails sur les perturbations causées par une ligne de traction monophasée dans les lignes a courants faibles voisines.

Au point de vue de la répercussion de la déperdition du courant de retour dans le sol, sur les troubles apportés dans les lignes à courants faibles, les expériences rappelées ci-dessus nous permettent de formuler quelques remarques intéressantes sur l'utilité de l'éclissage électrique.

Nous rappellerons d'abord les points suivants :

1° Le choix du courant alternatif à haute tension pour l'alimentation des locomoteurs électriques a été dicté en grande partie par le désir de diminuer le nombre des postes d'alimentation.

2° L'importance des perturbations apportées dans les transmissions télégraphiques et téléphoniques est d'autant plus grande que le parallélisme, existant entre les lignes affectées à ces transmissions et les canalisations transportant le courant de traction, est plus long.

Dès lors, nous devons plus particulièrement retenir de nos expériences ce qui se passe lorsque le train électrique alimenté est éloigné de la sous-station.

La courbe de répartition du courant dans les rails sur l'embranchement de Bagnères, pour un train éloigné de 14 km de la sous-station (*fig. 10*) montre que, sur près de 10 km, le courant de retour est presque entièrement dans le sol; 3,3 0/0 seulement des ampères débités dans la caténaire circulent dans les rails sur la plus grande longueur du parallélisme existant avec les lignes à courants faibles placées sur la voie.

La courbe de répartition pour un trajet de même longueur avec rails éclissés électriquement, montre que sur la plus grande partie de la section, 5,35 0/0 seulement des ampères débités dans la caténaire circulent dans les rails. Cette courbe est représentée en pointillé sur la même figure.

Nous devons en conclure que l'éclissage électrique, à lui seul, ne peut diminuer de façon sensible les troubles apportés dans les lignes à courants faibles voisines des lignes de traction.

Il interviendra, au contraire, avec une certaine efficacité, en élevant la proportion du courant de retour maintenu dans les rails de roulement, si le parcours à imposer dans ces rails est court.

Si l'on n'accepte pas cette solution, l'éclissage électrique ne présente aucun avantage réel.

Nous rappellerons cependant que l'on devra toujours réunir électriquement les rails aux interruptions des appareils de voie (aiguillages, croisements, plaques tournantes, etc.), pour éviter les différences de potentiel qui existeraient soit entre certains organes de ces appareils et le sol, soit entre ces appareils et les rails placés à l'amont ou à l'aval.

En outre, des connexions transversales devront réunir les files de rails entre elles à intervalles suffisamment rapprochés, comme nous l'avons déjà dit précédemment.

CHAPITRE IV

Alimentation multiple et transformateurs-suceurs.

Alimentation multiple par feeders. — Nous avons dit ci-dessus que l'éclissage électrique des rails de la voie avait une influence sensible, lorsque le parcours imposé au courant de retour dans les rails était suffisamment faible. Il faut pour cela, en effet, que ce parcours n'excède pas les quelques kilomètres que représente la somme des longueurs T_{av} et L_{ar}.

Si l'on ne veut pas augmenter le nombre des sous-stations d'alimentation, on peut cependant obtenir une diminution du parcours à imposer dans les rails au courant de retour, en créant des « sous-stations fictives » suffisamment rapprochées comme nous l'avons fait précédemment, au P. K. 249.000 de la ligne de Bagnères, et au P. K. 178.441 de la ligne de Pierrefitte.

Pour cela, il suffit d'alimenter la ligne de contact, tous les 5 km, par exemple, à l'aide d'un feeder dit « feeder d'aller » et aux mêmes points kilométriques, de réunir les rails de roulement à un deuxième feeder appelé « feeder de retour ».

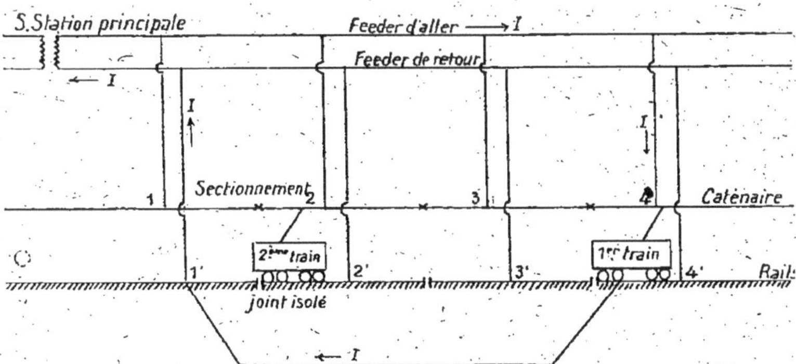

Fig. N° 14. — *Alimentation multiple par Feeders d'aller et retour.*

A chacune des extrémités des sections d'alimentation, la ligne de contact est interrompue par un sectionnement isolant. Aux points correspondants, on dispose sur chacune des files de rails des joints isolés qui, tout en permettant le passage des trains, interrompent le passage du courant des rails d'une section dans les rails de la section suivante *(fig. 14)*.

Pratiquement, les joints isolés des rails sont inutiles, car le courant de retour revient, en majeure partie, par le sol en évitant le feeder de retour sur sa plus grande longueur, lorsque le train électrique se trouve dans une section autre que la section immédiatement voisine de l'origine des feeders. En effet, lorsque le train est dans la quatrième section *(fig. 14)*, la majeure partie du courant de retour s'écoule dans la terre par les rails de cette section, pour rentrer ensuite dans les rails de la première section, passe à la connexion 1' et rentre à la sous-station en suivant le feeder de retour, sur une faible longueur par conséquent.

La Compagnie du Midi a fait relever, durant la circulation d'un train électrique absorbant toujours le même ampérage et se dirigeant de Tarbes vers Lourdes, la tension électromagnétique induite sur un fil télégraphique voisin, selon les différents modes d'alimentation adoptés sur cette section.

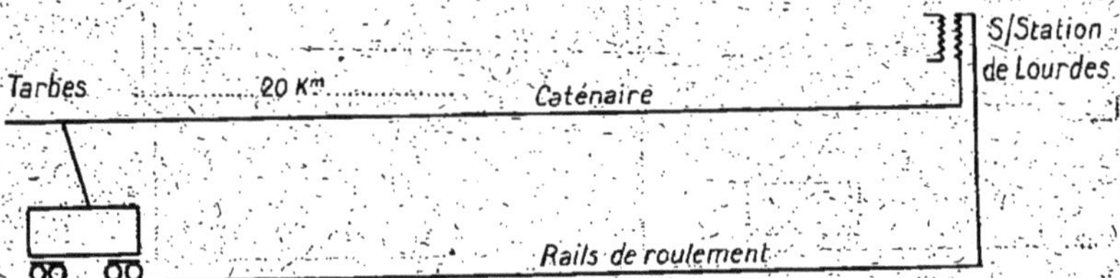

Fig. N° 16 — Alimentation par bout à 20 Km Courbe 1. —

La courbe n° 1 de la *figure 15* (voir pages 44-45) indique la variation de cette tension induite, avec la position du train d'essai dans le cas où la sous-station de Lourdes est seule chargée d'alimenter la section, selon le schéma de la *figure 16*.

La courbe n° 2 de la *figure 15* représente la tension induite avec l'installation de « sous-stations fictives » tous les 5 km, représentée schématiquement *(fig. 17)*. Cette tension induite est environ 50 0/0 plus faible que dans le cas précédent. La courbe n° 3 de la *figure 14* représente la tension induite, toujours lors de la circulation du même train, avec l'installation de trois sous-stations réelles éloignées de 10 km *(fig. 18)*. La tension induite n'est plus que le 1/8e de celle indiquée par la courbe n° 1.

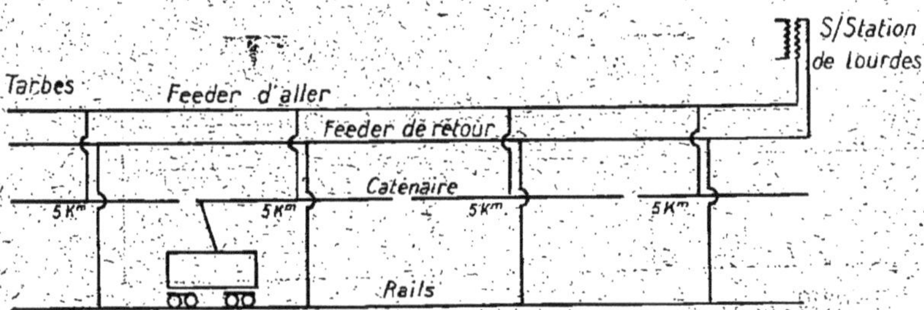

Fig. N° 17 — Alimentation par deux Feeders. — Courbe 2. —

L'alimentation multiple par sous-stations fictives ou par feeders aurait, semble-t-il, un effet extrêmement sensible, identique à celui des sous-stations réelles réparties tous les 5 km, si seule la connexion rails-feeder de retour correspondant à la section parcourue par le train était offerte au passage du courant de

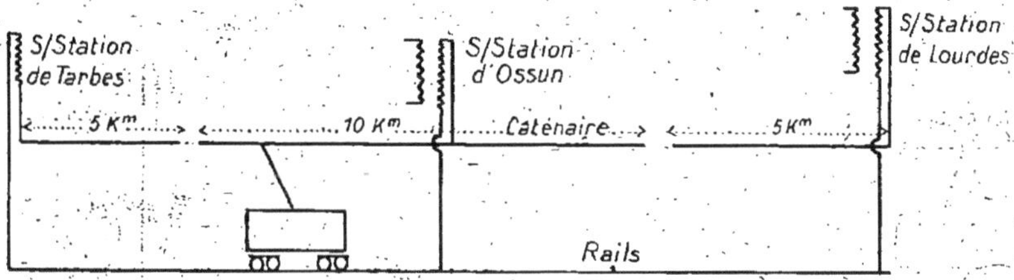

Fig. N° 18. *Alimentation par S/Stations à 10 Km. Courbe 3.*

retour. On éviterait alors la déperdition du courant de retour dans la terre.

Des interrupteurs placés sur les connexions reliant les rails et le feeder de retour et ouverts dès que le train aurait abandonné la section qui leur correspond, pourraient assurer cette condition. Mais ce dispositif n'aurait plus d'effet, lorsque deux trains se trouveraient en même temps sur la ligne, chacun sur une section différente. La fermeture, obligatoire à ce moment, de

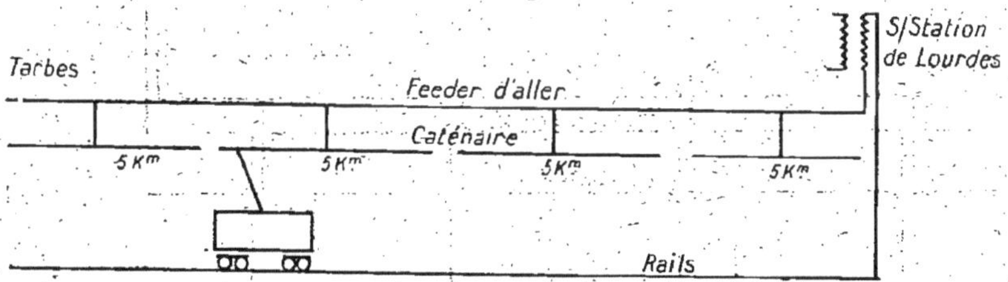

Fig. N° 19. *Alimentation par sections de 5 Km avec un Feeder. Courbe 4.*

l'interrupteur correspondant à la section dans laquelle se trouve le second train, supposé plus rapproché de la sous-station, permettrait, en effet, au courant de retour du premier train placé dans l'une des sections aval, d'éviter le feeder de retour sur la plus grande partie du trajet (*fig. 14*).

La courbe n° 4 de la *figure 15* montre que la tension induite toujours par le même train circulant entre Tarbes et Lourdes, le feeder de retour n'étant plus connecté aux rails (*fig. 19*) a sensiblement la même valeur que la tension induite représentée par la courbe n° 2 de la *figure 15* qui correspond au cas où le feeder de retour est connecté aux rails tous les 5 km.

La comparaison des courbes n°s 2 et 4 démontre l'inutilité du feeder de retour du fait de la déperdition du courant de retour dans le sol, et elle permet d'attribuer uniquement l'amélioration présentée par les courbes n°s 2 et 4 à l'égard de la courbe n° 1 de la *figure 15*, au fractionnement de la caténaire.

Transformateurs-suceurs. — Avant de rappeler les expériences effectuées à la Compagnie du Midi avec les transformateurs-suceurs installés sur l'embranchement de Perpignan à Villefranche-Vernet-les-Bains (1), nous croyons utile d'exposer le fonctionnement de ces transformateurs en nous inspirant des résultats acquis sur le retour du courant de traction.

A. — Transformateurs-suceurs avec feeder isolé.

Soit I, le nombre d'ampères débités par la ligne de contact CC_1, pour l'avancement d'un train électrique démarrant de l'extrémité X opposée à la sous-station *(fig. 20)*. Si la distance SX

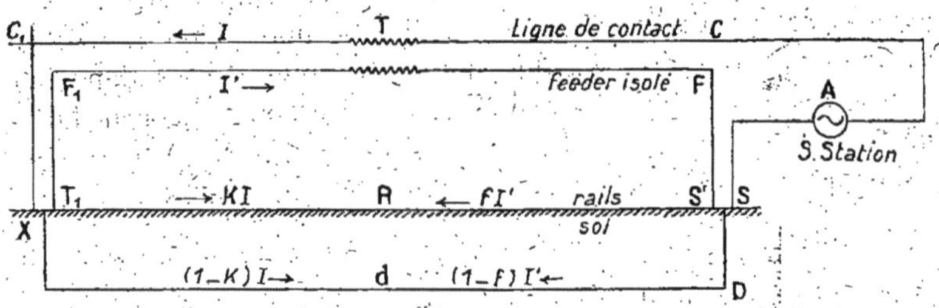

Fig. N° 20. *Neutralisation totale de la tension induite par le courant de traction. (Train en bout de ligne)*

est supérieure aux quelques kilomètres que représente la somme des longueurs T_{av} et T_{ar} ; la plus grande partie du courant de retour, la fraction (1 — K) I se rendra de X en S à travers la terre, en suivant le conducteur fictif XDS. Une faible fraction KI du courant de retour suivra les rails de bout en bout,

(1) Voir la note de M. Ch. Dachary : « Application de transformateurs-suceurs à la ligne électrique à courant monophasé de Perpignan à Villefranche (Compagnie du Midi) », dans la *Revue Générale de l'Électricité*, des 3 mars et 7 avril 1917.

Installons le plus près possible du fil de contact CC_1 un feeder isolé FF_1, relié aux rails de la voie aux points S′ et T_1 immédiatement voisins des points S et X.

Nous pourrons faire circuler un courant I′ dans ce feeder isolé, en empruntant l'énergie nécessaire à la sous-station alimentant déjà le train électrique, en opérant comme suit :

1° La caténaire (câble porteur et fil de contact) est sectionnée, au milieu de la ligne, par exemple, et le courant I passe de la section CT à la section TC_1, en traversant l'enroulement primaire d'un transformateur T.

2° Au même point, le feeder FF_1 est également sectionné et ses extrémités sont reliées aux bornes de l'enroulement secondaire du transformateur T.

S'il a été convenablement calculé et construit, le transformateur T débitera aux bornes de son enroulement secondaire un courant de même fréquence que I, d'une intensité I′, approximativement égale à celle du courant primaire I, mais sensiblement décalé de 180° sur le courant I.

L'énergie nécessaire au fonctionnement du transformateur et à la circulation du courant I′ exigera un léger supplément de transport de force par la caténaire, qui sera finalement parcourue par un courant d'une intensité légèrement supérieure à celle exigée par le train électrique seul. Cette augmentation ne saurait avoir de répercussion sensible sur les troubles causés dans les lignes à courants faibles voisines, en raison de son peu d'importance.

Lorsque le train est en X, le courant I, en suivant le circuit $ACC_1 X \left\{ \begin{matrix} R \\ D \end{matrix} \right.$ SA, induit sur un fil télégraphique témoin parallèle à la voie et de longueur L, une tension électro-magnétique E. Le courant I′, en suivant le circuit $F_1FS' \left\{ \begin{matrix} R \\ D \end{matrix} \right. T_1F_1$ induit sur le même fil, une tension E′. Le courant I′ se partage, en effet, entre les rails et le sol de S′ à T_1 ; la fraction fI′ restant dans les rails et la fraction $(1 - f)$I′ circulant dans le sol.

Les tensions induites E et E′ sont égales et directement opposées comme le sont déjà les intensités I et I′, car les circuits parcourus par les courants I et I′ sont très sensiblement les mêmes et que $f = K$.

Lorsque le train avance de X en T_2 vers la sous-station *(fig. 21)* en exigeant toujours la même intensité de courant I, la tension induite par le courant I diminue pour s'annuler, lorsque le train arrive au droit de l'extrémité aval du fil témoin. La droite EP_r représente cette tension induite, durant le parcours du train, sur le fil témoin P_eP_r (*fig.* 22).

Pendant toute la durée du parcours XT, la tension E' induite

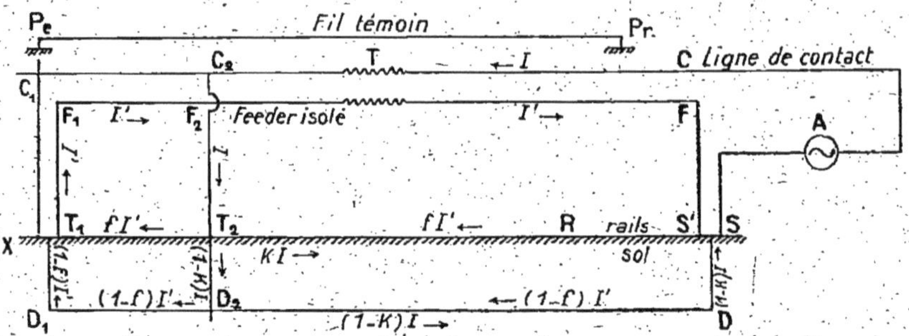

Fig. N° 21 _ *Neutralisation partielle de la tension induite par le courant de traction. (Train en cours de route en amont du transformateur)*

par le courant secondaire I' sur le fil témoin. reste constante, elle se représente par la droite $E'E'_1$. Lorsque le train a dépassé le transformateur T et continue sa route vers S, le courant I ne passe plus dans l'enroulement primaire de T et le courant I' cesse d'exister ainsi que la tension induite E'.

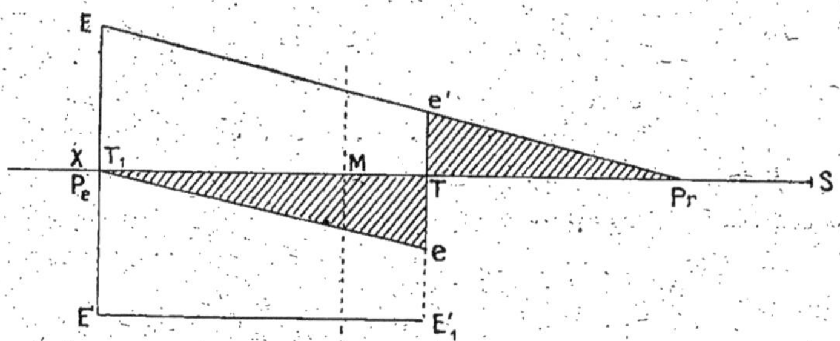

Fig. N° 22 _ *Représentation de la tension induite résultante sur un fil télégraphique de longueur $P_e P_r$.*

La tension électromagnétique résultante induite sur le fil témoin, pendant que le train électrique circule de X vers S, est représentée par la ligne brisée $P_e ee' P_r$, telle que $P_eE = E'P_e = ee'$ (*fig.* 22).

Cette tension induite résultante reste donc toujours inférieure en valeur absolue à la tension maximum E induite sur le même fil, lorsque le train démarre en X, sans transformateur installé sur la ligne.

Il serait facile de voir que l'installation du transformateur n'a pas d'influence favorable sur l'induction dans les fils télégraphiques de longueur inférieure à XT et compris entièrement dans cette section XT.

La position du transformateur T pratiquement avantageuse est au milieu du fil télégraphique le plus long, parmi ceux influencés par la circulation des trains. Pour ce fil, l'action du transformateur réduit le maximum de la tension induite résultante à la moitié du maximum de la tension induite atteinte sans transformateur.

Il y a lieu de remarquer que lorsque le train est en X (*fig. 20*) les rails sont parcourus par les deux courants opposés fI' et KI qui s'annulent très sensiblement, et que dans le sol circulent les deux courants opposés $(1-f)I'$ et $(1-K)I$ qui s'annulent dans les mêmes conditions. On peut, par suite, dire qu'il n'existe de courants importants que dans la ligne de contact et dans le feeder isolé. Il semble donc que sous l'action du transformateur T, le courant de retour est passé de X en T_1 et de là, dans le feeder isolé. Le transformateur a « puisé » le courant de retour dans les rails et le sol, pour le faire circuler dans le feeder isolé. C'est pour cette raison que l'on désigne un tel transformateur : un transformateur-suceur.

Lorsque le train est parvenu en C_2T_2, le courant résultant dans les rails T_2S a une intensité $fI' - KI$ qui est presque nulle. Il en est de même du courant résultant dans le sol, dont l'intensité est : $(1-f)I' - (1-K)I$. On ne constate finalement le passage de courants importants que dans les conducteurs suivants :

La partie CC_2 de la ligne de contact parcourue par le courant d'intensité I.

Les rails T_2T_1 parcourus par le courant de faible intensité fI'.

Le sol entre D_2 et T_1 dans lequel circule le courant d'intensité $(1-f)I'$.

Le feeder isolé parcouru sur toute sa longueur par le courant secondaire I'.

En admettant toujours que les courants I et I' sont égaux et opposés, nous voyons que tout se passe comme si un courant d'intensité I suivait le circuit complexe :

Caténaire CC_2, locomoteur C_2T_2 $\left\{\begin{array}{l}\text{rails}\\ \text{et sol}\end{array}\right.$ connexion T_1F_1 et feeder F_1FSA.

On peut encore dire que le transformateur T a « puisé » le courant de retour dans les rails et le sol pour l'obliger à passer dans le feeder isolé.

Il est intéressant d'étudier les variations de la tension électromagnétique induite dans le fil témoin en se basant sur la circulation du courant I, telle que nous venons de l'admettre.

Cette tension électromagnétique résulte de la composition des flux inducteurs suivants :

1° Le flux dû au circuit ACC_2F_2FSA extrêmement faible, parce que le feeder et la caténaire sont très voisins.

2° Le flux dû au circuit F_2T_2, rails $T_1F_1F_2$ parcouru par le courant fI'.

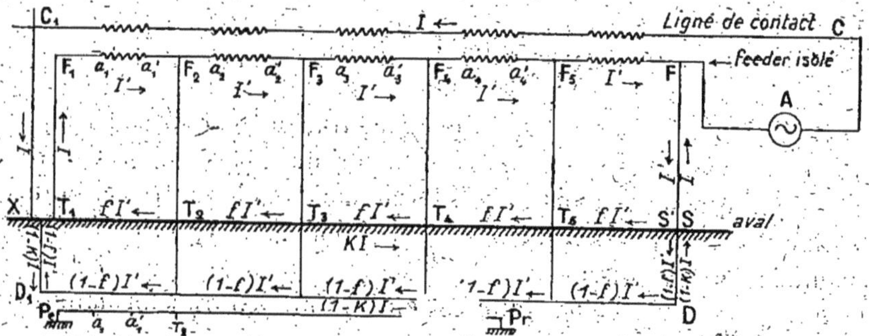

Fig. N°23. Répartition de… ansformateurs-suceurs.

3° Le flux dû au circuit $F_2T_2D_2D_1T_1F_1F_2$ parcouru par le courant $(1 - f)I'$.

Le premier flux est négligeable. Les deux derniers flux s'ajoutent, mais leur action inductive résultante est affaiblie si le courant passant dans le circuit $F_2T_2D_2D_1T_1F_1F_2$ ayant la plus grande surface, a son intensité affaiblie, c'est-à-dire si $(1 - f)I'$ est diminué (pourvu évidemment que fI' n'augmente lui-même que de la quantité dont $(1 - f)I'$ diminue).

Pour diminuer $(1 - f)I'$, il suffit d'augmenter f, et pour cela, d'après ce que nous avons exposé au chapitre III, il faut réduire la distance ST_1 à moins de 4 km (somme des longueurs T_{av} et L_{ar} et ensuite éclisser électriquement les rails de roulement.

Pour réduire la distance ST_1, la première solution consiste à augmenter le nombre des sous-stations d'alimentation. On peut les placer tous les 8 km, par exemple, et installer ensuite un transformateur-suceur à 2 km à l'amont et un autre à 2 km à l'aval de chaque sous-station.

Si l'on ne veut pas augmenter le nombre des sous-stations d'alimentation, on peut adopter la solution suivante :

On répartit sur la ligne ST_1 des transformateurs-suceurs à raison d'un tous les 4 km, au plus, connectés comme l'indique la *figure 23*.

Chacun de ces transformateurs ayant son enroulement primaire parcouru par le courant I de la ligne de contact, débitera aux bornes de son enroulement secondaire un courant I' égal et opposé à I. Le courant I' débité par le premier transformateur suivra le circuit élémentaire : $a_1F_2T_2 \left\{ \begin{matrix} \text{rails} \\ \text{et sol} \end{matrix} \right. T_1F_1a_1$; le courant débité par le deuxième transformateur suivra le circuit élémentaire :

$$a_2F_3T_3 \left\{ \begin{matrix} \text{rails} \\ \text{et sol} \end{matrix} \right. T_2F_2a_2, \text{ etc.}$$

De T_2 à T_1, le courant I' du premier transformateur se partage en deux fractions, l'une fI' qui reste dans les rails, l'autre $(1 - f)$I' qui passe dans le sol. De même dans les autres circuits élémentaires, et fI' est d'autant plus grand que ces circuits élémentaires sont plus courts.

Lorsque le train électrique est en X, tous les transformateurs débitent. La tension E' induite sur un fil témoin, par l'ensemble des circuits élémentaires parcourus par I' est égale et opposée à la tension E induite sur le même fil par le circuit $CC_1X \left\{ \begin{matrix} \text{rails} \\ \text{et sol} \end{matrix} \right.$ SFA, parcouru par le courant de traction I.

Lorsque le train électrique passe au droit de chacune des connexions F_2T_2, F_3T_3, etc., reliant le feeder isolé aux rails, à mi-distance des transformateurs, l'action induite du courant I est exactement compensée par celle du courant I' débité par les transformateurs placés à l'avant du train.

Seule la connexion feeder-rails au droit de laquelle se trouve le train, est parcourue par un courant d'intensité notable I', car les autres connexions feeder-rails sont parcourues par deux courants I', de sens opposé, soit par un courant résultant d'intensité nulle.

La compensation de l'induction due au courant I, n'est pas aussi complète lorsque le train est situé entre deux connexions feeder-rails.

Examinons cette compensation sur un fil témoin P_eP_r de longueur L dont l'extrémité amont P_e est en X ou T_1.

Lorsque le train va de F_1 à a_1 tous les transformateurs-suceurs débitent et les courants I' circulant dans les circuits élémentaires créent une tension E' induite sur le fil témoin, égale mais opposée à celle E que créait le courant I lorsqu'il était en X.

Or, si le train est en a_1, par exemple, le courant primaire I n'induit plus que la tension :

$$E \times \frac{P_r a_1}{P_r P_e} \text{ inférieure à } E \text{ de la quantité } \frac{a_1 P_e}{P_r P_e} \times E.$$

La tension résultante induite par l'action simultanée des courants I et I' lorsque le train est en a_1, est donc égale en valeur absolue à $E \times \frac{a_1 P_e}{P_r P_e}$.

Si $2l$ est la distance séparant les transformateurs supposés uniformément répartis, cette tension électromagnétique induite résultante est donné par :

$$e = E \times \frac{l}{L}. \qquad [5]$$

Lorsque le train électrique circule entre a_1' et F_2, le premier transformateur cesse d'être en service. L'action des courants I' débités par les autres transformateurs induit, sur le fil témoin, une tension E_1 égale et opposée à celle induite par le courant I, alors que le train est en F_2T_2,

soit :

$$E_1 = E \times \frac{L - 2l}{L}. \qquad [6]$$

Le courant I crée sur le même fil témoin une tension induite supérieure à E_1, attendu que le train n'étant pas encore arrivé en T_2, la longueur du parallélisme est supérieure à P_eT_2.

Si le train est en a_1' la tension induite par I est :

$$E_1' = \frac{L - l}{L} \times E.$$

La différence entre E_1' et E_1 est donc :

$$e' = E \times \frac{l}{L}. \qquad [7]$$

Les tension e' et e sont égales en valeur absolue, mais opposées.

En conséquence, au fur et à mesure de l'avancement du train, la tension induite résultante sur le fil témoin considéré peut se représenter par la ligne brisée : $P_e V_1 V'_1 T_2 V'_2 V_2$ obtenue comme le montrent les constructions de la *figure 24*.

Pratiquement, la compensation des tensions est moins favorable. Les transformateurs ne sauraient toujours donner au secondaire un courant d'une intensité rigoureusement égale et directement opposée à celle du courant de traction. L'intensité du courant de traction est, en effet, essentiellement variable,

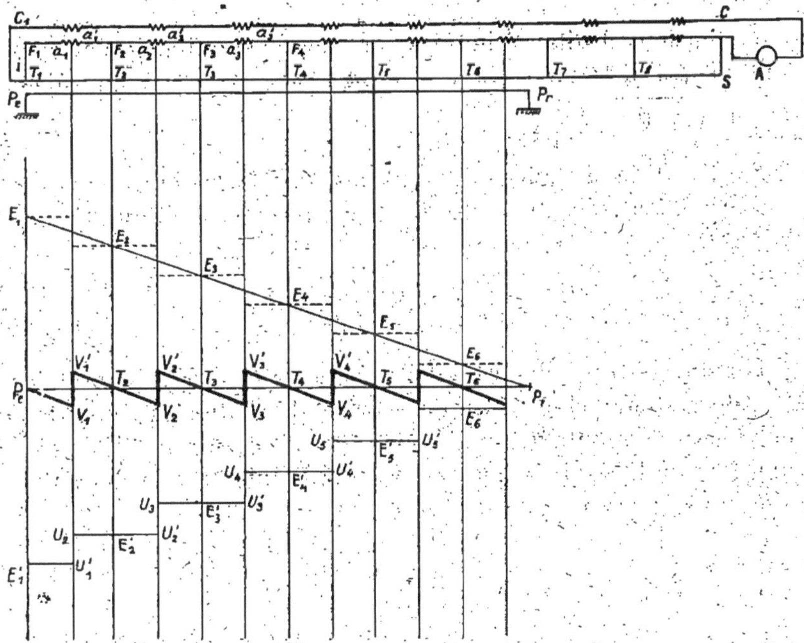

Fig. N° 24 — *Représentation de la tension induite résultante sur le fil P_e P_r dans le cas des transformateurs-suceurs avec feeder isolé.*

elle ne peut donc toujours être celle pour laquelle les transformateurs ont été normalement étudiés et calculés. Aussi la tension induite résultante n'est pas nulle lorsque le train atteint les points T_1, T_2, etc.

Cette tension est également plus forte que l'indique la théorie pour certaines positions du train, comme le montre le calcul ci-dessous :

En admettant qu'il y ait toujours proportionnalité entre la tension induite et la longueur du parallélisme, la tension électromagnétique induite résultante sur le fil P_eP_r lorsque le train est en a_1 est :

$$V_1 = E \times \frac{L-l}{L} - E' = E - E' - \frac{l}{L} E.$$

Dès que le train arrive en a'_1, ayant dépassé le premier transformateur-suceur, la tension induite résultante devient :

$$V'_1 = E \times \frac{L-l}{L} - E' \times \frac{L-2l}{L} = E - E' - \frac{l}{L} E + \frac{2l}{L} E'.$$

Si E' est plus petit que E, la tension V'_1 sera supérieure à V_1. C'est ce qu'ont prouvé les expériences effectuées à la Compagnie du Midi et que nous rapportons plus loin.

Que la tension induite soit exactement celle calculée théoriquement ou non, il est visible cependant que sa valeur est d'autant plus faible que :

1° La longueur l est elle-même plus faible ;

2° Et que la fraction du courant circulant dans le sol d'une connexion rails-feeders à la suivante, est plus faible.

On remplit la première condition en augmentant le nombre des transformateurs-suceurs. La deuxième condition sera d'autant mieux satisfaite que, d'une part, la longueur l sera plus courte et que, d'autre part, la résistance des rails sera moindre. L'éclissage électrique des joints des rails sera d'autant plus efficace à ce dernier point de vue, que l sera plus court, s'il est déjà cependant inférieur aux 4 km que représente la somme $L_{av} + T_{ar}$, d'après ce que nous avons vu au chapitre III précédent.

Il résulte de l'exposé ci-dessus que les transformateurs-suceurs agissent en définitive au point de vue de la protection des lignes à courants faibles, comme si, sur la majeure partie du parcours du train électrique, le courant de retour passait dans le feeder isolé et non dans les rails et le sol.

Nous savons que la tension électromagnétique induite sur un fil télégraphique voisin est alors donnée par la formule :

$$e = 4{,}6 \times 10^{-4} \log \frac{r_2}{r_1} L\omega I, \qquad [8]$$

dans laquelle les quantités L, ω, I, sont les mêmes que celles déjà énumérées au chapitre I ;

r_1 est la distance du fil témoin à la ligne de contact ;

r_2 est la distance du fil témoin au feeder isolé.

La ligne de contact et le feeder isolé étant très voisins ; r_2 et r_1

sont sensiblement égaux pour le fil témoin, et la valeur *e* est très faible.

En réalité, la formule [8] ne s'applique exactement qu'au moment où le train passe au milieu de l'un des intervalles séparant les transformateurs successifs. A tout autre instant, la tension induite sera légérement différente de la valeur que donnerait la formule [8] : elle sera tantôt plus forte, tantôt plus faible. On pourrait représenter la tension induite au fur et à mesure de l'avancement du train de S vers T, par une courbe dont les ondulations passeraient au-dessus et au-dessous de la droite qui représenterait la formule [8] dans laquelle *e* et L seraient les seules variables. Cette courbe ondulée couperait la droite ci-dessus aux points correspondant aux connexions, feeder-rails T_1F_1, T_2F_2, T_3F_3, etc.

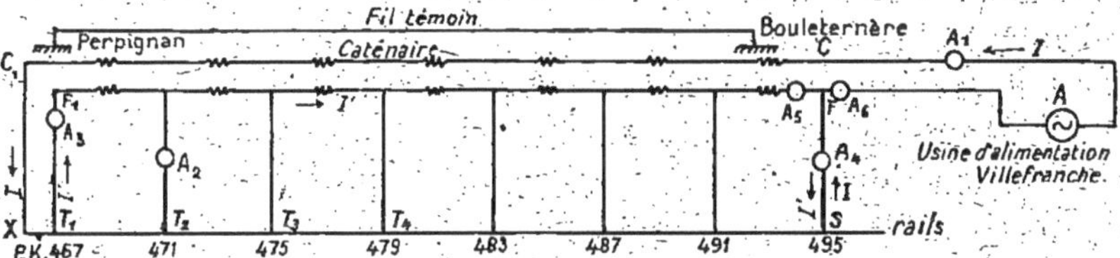

Fig. N° 25. *Schéma de l'installation de sept transformateurs-suceurs entre Perpignan et Bouleternère.*

Résultats obtenus à la Compagnie du Midi avec les transformateurs-suceurs et feeder isolé. — La compagnie du Midi a tout d'abord fait installer sept transformateurs-suceurs répartis comme l'indique la *figure 25*, entre Perpignan et Bouleternère. Les expériences effectuées au début de 1917, ont donné les résultats mentionnés au tableau I ci-dessous :

TABLEAU I. — **Essais entre Perpignan et Bouleternière avec transformateurs-suceurs et feeder isolé.**

LECTURES RECTIFIÉES DES AMPÈREMETRES						VOLTS INDUITS SUR LE FIL TÉMOIN	
A_1	A_2	A_3	A_4	A_5	A_6	Avec Morse	Sans Morse
40	0	37	0	38	40	11	7,5
86	0	77	0	74	80	22,5	16,5
110	0	102	10	97	110	28,2	27,3
140	0	110	18	123	140	40,5	43,5

Les lectures des ampèremètres justifient ce que nous avons annoncé sur la circulation des courants I et I'.

Les ampèremètres A_1 et A_6 ont mesuré I. L'ampèremètre A_2 n'a rien indiqué et ne pouvait rien indiquer, le train étant supposé au P. K. 467, c'est-à-dire avant le premier transformateur.

L'ampèremètre A_3 tranversé par le courant I' a indiqué une intensité voisine de celle donnée par A_1 et A_6.

L'ampèremètre A_4 qui donnait I — I' n'avait à donner d'indications sensibles que pour les forts ampérages de I.

L'ampèremètre A_5 qui devait donner I' a accusé le passage d'un courant légèrement inférieur à I.

Les faibles différences trouvées entre les indications données par les ampèremètres A_3 et A_5 s'expliquent par les erreurs d'observations, de faibles dérivations du courant dans le sol, etc.

L'expérience comparative suivante a été ensuite effectuée.

Les transformateurs-suceurs étant enlevés, le feeder isolé a été connecté aux rails tous les 4 km comme l'indique le schéma de la *figure 26* pour fonctionner comme feeder de retour. Les différentes valeurs de la tension induite mesurées sur le fil témoin pour des trains électriques de divers tonnages démarrant de Perpignan, sont indiquées au tableau ci-dessous, en même temps que les lectures des ampèremètres.

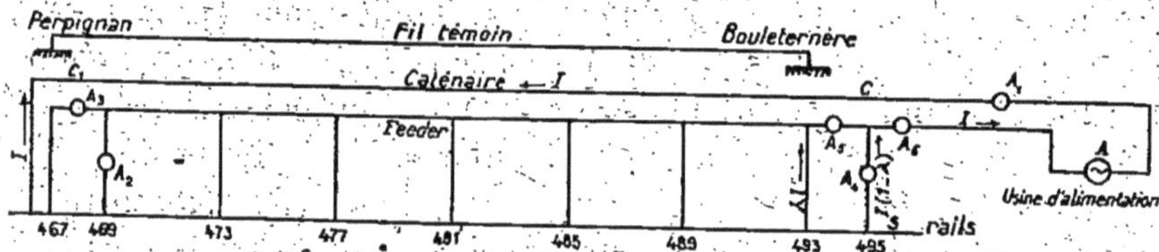

Fig. N° 26. — *Schéma de l'installation d'un feeder de retour isolé entre Perpignan et Bouleternère.*

TABLEAU II. — **Essais avec feeder de retour entre Perpignan et Bouleternère.**

LECTURES RECTIFIÉES DES AMPÈREMÈTRES						VOLTS INDUITS SUR LE FIL TÉMOIN. SANS MORSE
A_1	A_2	A_3	A_4	A_5	A_6	
40	0	0	20	20	38	69,8
80	0	0	44	37	79	131,5
110	0	0	68	42	110	172,6
140	0	0	85	55	140	213,7

Ces résultats confirment ce que nous avons déjà dit à propos de l'alimentation multiple avec feeder de retour connecté en plusieurs points des rails. Les ampèremètres A_2 et A_3 n'ont, en effet, pas accusé de passage de courant. L'ampèremètre A_5 a accusé le passage d'une fraction importante du courant de retour rentrée dans les rails par la connexion du P. K. 493 parce que cette dernière est située dans la zone T_{ar} de la sous-station.

Au point de vue de la protection contre les perturbations le rapprochement des tableaux I et II, nous renseigne sur l'avantage des transformateurs.

La tension induite sur le fil témoin Perpignan-Bouleternère de 26 km de longueur, est de 285 V, au moment où le train démarre de Perpignan en exigeant environ un débit de 100 ampères dans la ligne de contact, lorsqu'aucun moyen de protection n'est installé.

Cette tension induite s'abaisse à 155 V environ en utilisant le feeder isolé comme feeder de retour, sans transformateurs-suceurs.

Enfin, cette tension s'abaisse à 24 V environ, lorsque les sept transformateurs sont mis en service avec le feeder isolé.

Sur la section Bouleternère-Villefranche, le profil de la voie exige pour la traction des mêmes trains un plus fort débit de courant que sur la section Perpignan-Bouleternère. Par suite, pour obtenir des abaissements de la tension induite, du même ordre de grandeur, il a été nécessaire de rapprocher les transformateurs-suceurs sur la section Bouleternère-Villefranche.

Entre Perpignan et Bouleternère, les rampes varient entre 5 et 10 mm et les transformateurs-suceurs sont répartis tous les 4 km en moyenne. Entre Bouleternère et Villefranche, les rampes atteignent 15, 17 et 21 mm par mètre, les transformateurs sont répartis tous les 3 km, 500.

Des expériences effectuées en octobre 1917, en utilisant les douze transformateurs-suceurs répartis entre Villefranche-Vernet-les-Bains et Perpignan, ont permis de constater que la tension maximum induite sur le fil témoin Perpignan-Prades d'une longueur de 40 km était de 48,5 V pour un débit de 100 ampères dans la ligne de contact.

Cette tension induite maximum se manifeste au moment où le train dépasse le premier transformateur le plus rapproché de Perpignan.

Lorsque le train démarre de Perpignan, en absorbant toujours

100 ampères, la tension induite est de 39 V. seulement. Cette tension s'abaisse à 30,75 V, lorsque le train atteint le premier transformateur sans le dépasser. Ces résultats confirment nos déductions théoriques exposées précédemment.

Transformateurs-suceurs sans feeder de retour isolé. — Considérons, comme précédemment, un train électrique démarrant en X, à l'extrémité de la ligne opposée à la sous-station d'alimentation (*fig.* 27) et exigeant à ce moment un courant de I ampères dans la caténaire.

Une fraction KI du courant de retour revient à la sous-station

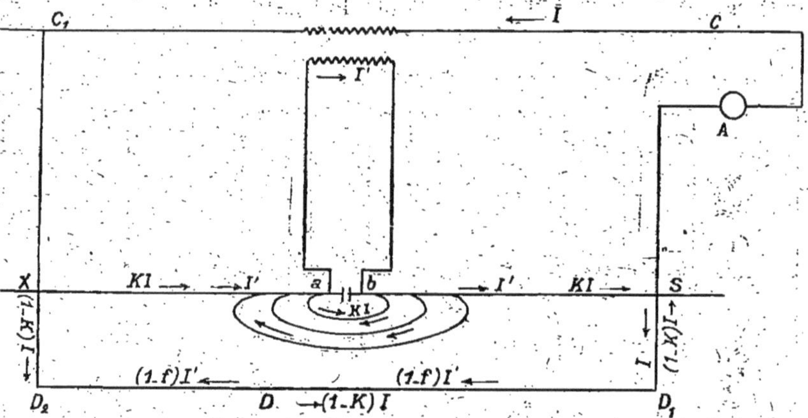

Fig. N° 27 - *Installation d'un transformateur suceur connecté aux rails de roulememt.*

dans les rails, et le reste (1 — K) I revient par le conducteur fictif XDS dans le sol.

Un transformateur convenablement étudié et installé au milieu de la ligne et dont l'enroulement primaire est parcouru par le courant I, fournit aux bornes de son enroulement secondaire un courant approximativement décalé de 180° sur le courant I et d'une intensité I' voisine de I.

Ce courant secondaire I' suit un circuit fermé par les rails et le sol, si l'on relie les bornes secondaires du transformateur aux extrémités *a* et *b* des rails de la voie convenablement interrompus, par des joints isolés au droit du transformateur.

Si les rails étaient d'excellents conducteurs pour le courant I', et que le conducteur SD_1D_2X soit un conducteur réel de faible résistance, le courant I' suivrait, à l'extérieur du transformateur, le chemin : rails bS, conducteur fictif, SD_1D_2X, rails Xa.

Le courant résultant dans le conducteur fictif $(1 - K) I - I'$ serait presque nul, attendu que K est très faible ; et dans les rails, on constaterait la circulation d'un courant résultant $KI + I'$ très voisin de I.

Le flux perturbateur dû au courant I passant par le circuit CC_1XDS eût alors été partiellement neutralisé par le flux dû au courant I' circulant dans le circuit bS DXa.

En réalité, d'après ce que nous avons vu au chapitre III le courant I' ne peut rester entièrement dans les rails de b en S comme de X en a. Après un certain parcours dans les rails de b

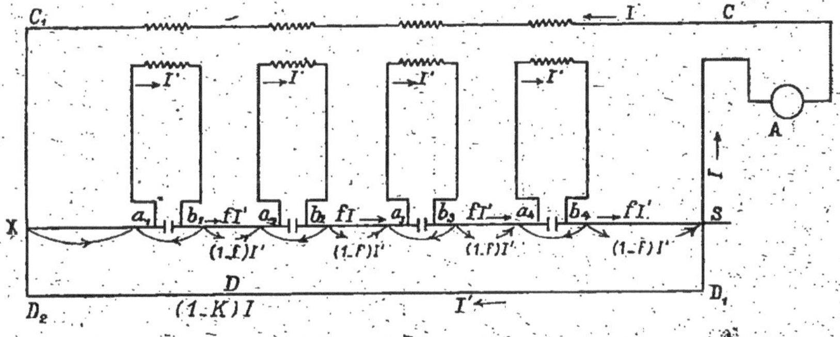

Fig. N° 28 — *Répartition de plusieurs transformateurs-suceurs connectés aux rails de roulement.*

vers S, le courant I' est entièrement passé dans le sol pour rentrer dans les rails placés à l'amont de a.

La zone de déperdition à l'aval de b et la zone de rentrée à l'aval de a, sont de longueurs sensiblement égales, chacune à 2 ou 3 km, au maximum.

La compensation réelle est donc moins importante encore que celle envisagée ci-dessus.

On obtient une meilleure compensation en répartissant le long de la ligne plusieurs transformateurs identiques au précédent. Les enroulements primaires de ces transformateurs étant parcourus en série par le courant I, de la ligne de contact, leurs enroulements secondaires sont parcourus par un courant I' décalé de 180° sur I et d'intensité I' voisine de I (*fig. 28*).

Si la distance b_1a_2 est assez faible, une importante fraction fI' du courant I' issu de b_1 reste dans les rails, se rendant de b_1 en

a_2; l'autre fraction $(1 - f)$ I' suit le conducteur fictif dans le sol de b_1 en a_2.

Nous négligeons ainsi une certaine fraction du courant I', d'ailleurs d'autant plus faible que la distance b_1a_2 est réduite, et qui peut passer des rails en aval de b_1 dans le sol, pour revenir directement dans les rails immédiatement en amont de a_1.

Le courant I', parvenu à la borne de sortie b du transformateur le plus rapproché de la sous-station, suit d'abord les rails à l'aval de cette borne et passe dans le sol pour revenir à la borne d'entrée du premier transformateur par le conducteur fictif D_1D_2 et les rails en amont de a_1.

L'addition des joints isolés augmente considérablement la résistance opposée à la circulation du courant KI dans les rails et, par suite, affaiblissant le facteur K, rend la fraction $(1 - K)$ I peu différente de I.

En conséquence, pour un train démarrant en X, la tension induite résultante sur une ligne à courant faible voisine de la voie est due :

1° Au flux perturbateur créé par le passage du courant de traction I dans le circuit CC_1XDS;

2° Au flux opposé créé par le passage du courant I' dans le circuit complexe :

$$X \left\{ \begin{matrix} \text{rails} \\ \text{et sol} \end{matrix} \right. a_1 \text{ 1}^{\text{er}} \text{ transfo, } b_1 \left\{ \begin{matrix} \text{rails} \\ \text{et sol} \end{matrix} \right. a_2, \text{ 2}^{\text{e}} \text{ transfo, } b_2 \left\{ \begin{matrix} \text{rails} \\ \text{et sol} \end{matrix} \right. \text{etc. et SDX.}$$

Cette tension induite résultante est par suite d'autant plus faible que les dérivations au sol entre X et a_1, b_1 et a_2, etc., sont moindres.

Les transformateurs installés ont fait apparaître dans les rails le courant résultant fI' + KI dont l'intensité est d'autant plus voisine de I, que f est peu différent de l'unité.

Tout se passe en définitive, au point de vue des perturbations sur les lignes à courants faibles, comme si le courant de traction I suivait le circuit :

$$CC_1X \left\{ \begin{matrix} \text{rails} \\ \text{et sol} \end{matrix} \right. a_1, \text{ 1}^{\text{er}} \text{ transfo, } b_1 \left\{ \begin{matrix} \text{rails} \\ \text{et sol} \end{matrix} \right. a_2, \text{ 2}^{\text{e}} \text{ transfo, etc. S.A.C.}$$

L'amélioration apportée par cette installation sur les perturbations est identique à celle que l'on obtient par un relèvement du facteur K dans la formule :

$$e = 4,6 \times 10^{-4} \left[K \log \frac{r_2}{r_1} + (1 - K) \log \frac{r_2 + d}{r_1} \right] L\omega I. \quad [9]$$

Nous avons constaté qu'entre Lourdes et Pierrefitte, la tension induite sur un fil témoin placé à 10 m de la voie, est de 210 V pour 20 km de parallélisme et un courant de traction de 100 ampères, avec $K = 0$.

Pour le même fil témoin en supposant $K = 1$, la tension induite e, est de 6,2 V, toutes choses étant égales par ailleurs.

Il est facile d'en déduire que l'on aurait eu sur le même fil témoin, un voltage induit de 108 V pour $K = 0,50$ et de 57,1 V pour $K = 0,75$.

Par l'installation de transformateurs-suceurs suffisamment rapprochés, nous pouvons obtenir de telles valeurs du coefficient K à employer dans la formule [9], et nous maintiendrons ainsi dans les rails, dans la plus large mesure possible, le courant auxiliaire I'. Le résultat final, au point de vue des perturbations et de l'application de la formule [9] est le même que si c'était le courant I qui soit maintenu dans les rails.

Avec des sous-stations d'alimentation placées tous les 10 km, la tension induite sur un fil télégraphique témoin de 20 km de longueur a pu être ramenée de 132 à 48 V. Si donc, sur cette même section comportant des sous-stations tous les 10 km, on installe des transformateurs-suceurs connectés aux rails de roulement et suffisamment rapprochés pour assurer au rapport K une valeur importante, il sera possible d'abaisser davantage encore cette tension induite tout en économisant la pose d'un feeder de retour isolé.

Un calcul bien simple permet de voir :

qu'avec $K = 0,50$, la tension induite sera ramenée à 15 V

et qu'avec $K = 0,75$, elle ne sera plus que de 7 V.

Pour obtenir de telles valeurs de K sans exagérer le nombre des sous-stations et des transformateurs-suceurs, il faut éclisser électriquement les joints des rails, et nous savons que cette mesure n'est efficace que si le chemin à parcourir dans les rails n'est déjà pas supérieur à la somme : $T_{av} + T_{ar}$.

Nous citerons, à titre d'exemple, l'électrification du Norforlk and Western Railway dont la section électrifiée de 48 km de longueur, est alimentée par cinq sous-stations. Des transformateurs-suceurs sont installés tous les 1 600 m environ et connectés aux rails de roulement éclissés électriquement.

A la Compagnie du Midi, l'embranchement électrifié de Perpignan à Villefranche-Vernet-les-Bains n'étant alimenté que par une seule sous-station placée à 47 km de Perpignan, des transformateurs-suceurs connectés seulement aux rails de roulement n'auraient pas permis d'abaisser suffisamment la tension induite sur les fils voisins. En admettant que l'on ait pu obtenir $K = 1$, on aurait eu une tension induite donnée par la formule [10]

$$e = 4{,}6 \times 10^{-4} \log \frac{r_2}{r_1} L\omega I. \qquad [10]$$

Cette tension e aurait été trop forte encore en raison des importantes valeurs de L et I, et de ce que r_2 et r_1 ne pouvaient être très voisins pour tous les fils soumis aux perturbations, la ligne de contact étant à 5 m environ des rails. C'est pourquoi la Compagnie du Midi a adopté, en même temps que les transformateurs-suceurs répartis comme nous l'avons dit précédemment, un feeder isolé placé au voisinage de la ligne de contact et reliant les bornes secondaires des transformateurs-suceurs.

Cette installation est suffisante dans les conditions actuelles pour protéger les lignes à courants faibles placées dans son voisinage.

Si une augmentation du trafic doit plus tard entraîner l'utilisation de locomotives électriques plus puissantes que celles qui sont actuellement en service, et la mise en marche de trains plus lourds et plus nombreux, on pourra être amené à améliorer la protection. Avec le feeder isolé, cette amélioration ne sera pas donnée par l'emploi de l'alimentation multiple, attendu que la tension induite maximum est celle produite par le courant de traction sur une longueur de parallélisme égale au demi-intervalle séparant deux transformateurs-suceurs successifs.

Pour affaiblir cette tension induite, on augmentera le nombre des transformateurs-suceurs.

Sur les sections électrifiées équipées avec des transformateurs-suceurs connectés aux rails sans feeder isolé, il y a avantage à augmenter à la fois le nombre des sous-stations et le nombre des transformateurs-suceurs.

CONCLUSIONS

Pour nous résumer, nous formulerons les conclusions générales ci-après :

L'éclissage électrique des rails par des connexions en cuivre sous les éclisses mécaniques, conduit à un entretien coûteux et ne donne pas la certitude de connaître à tout instant la valeur de la résistance apparente de la voie en courant alternatif, avec une approximation suffisante.

Une longueur de voie, même éclissée électriquement et convenablement entretenue, offre une telle résistance au passage du courant alternatif qu'il est nécessaire de relier fréquement les rails à de bonnes « prises de terre », malgré que ces « mises à la terre » favorisent la déperdition au sol du courant de retour.

Ce n'est qu'aux abords des sous-stations d'alimentation et des trains électriques eux-mêmes que l'on constate la présence, dans les rails, d'une proportion du courant de retour réellement importante. Si les sous-stations sont éloignées les unes des autres, il n'y a aucun intérêt à éclisser électriquement les rails, sauf dans le cas où, par l'installation de transformateurs-suceurs connectés aux rails et suffisamment rapprochés, on veut maintenir une importante fraction du courant de retour dans les rails d'un transformateur au suivant.

Avec l'installation de transformateurs-suceurs, connectés à un feeder isolé, placé près de la ligne de contact, l'éclissage électrique des rails n'a pas autant d'importance. L'éclissage permettra cependant de réduire la tension induite résultante que l'on constate notamment lorsque le train dépasse un transformateur-suceur, si le nombre de ces transformateurs n'a pas été prévu suffisant pour que cette tension induite soit acceptable.

L'éclissage électrique des rails de la voie est intéressant lorsque les sous-stations sont suffisamment nombreuses pour que les trains circulant sur la ligne soient constamment à moins de 4 km d'une sous-station d'alimentation. Dans ce cas, en effet, les zones de sortie et de rentrée du courant de retour empiètent et l'éclissage électrique augmente la proportion du courant de retour restant dans les rails. L'influence de l'éclissage électrique est encore plus marquée si on diminue de nouveau le parcours à imposer au courant de retour dans les rails, en intercalant des transformateurs-suceurs connectés aux rails sur les courtes sections obtenues par le rapprochement des sous-stations.

IMPRIMERIE CHAIX, RUE BERGÈRE, 20, PARIS. — 7895-5-18. — (Encre Lorilleux).

www.ingramcontent.com/pod-product-compliance
Ingram Content Group UK Ltd.
Pitfield, Milton Keynes, MK11 3LW, UK
UKHW021149220726
13924UKWH00003B/1071

9 782014 447590